HOMENAJE DE LAS ACADEMIAS NACIONALES

AL DR. TOMÁS ENRIQUE CARRILLO BATALLA

(EN EL CENTENARIO DE SU NATALICIO)
04 de marzo de 2021

Humberto Romero-Muci - Enrique Urdaneta Fontiveros
Gabriel Ruan Santos - Leonardo Vera Azaf
Catalina Banko - Horacio Biord Castillo
Arnoldo Gabaldón Berti - Román J. Duque Corredor

Edición: Humberto Romero-Muci

Editorial Jurídica Venezolana
Caracas 2021

H845

    Homenaje de las Academias Nacionales al Dr. Tomás Enrique Carrillo Batalla (en el centenario de su natalicio) / Academias Nacionales. -- Caracas: Academia de Ciencias Políticas y Sociales; edición: Humberto Romero-Muci, 2021.
    116 p.
Nota de contenido: Ponencias presentadas en el acto homenaje de las Academias nacionales al Dr. Tomás Enrique Carrillo Batalla, en el centenario de su nacimiento celebrado el 4 de marzo de 2021 vía telemática: Humberto Romero-Muci, (present.); Enrique Urdaneta Fontiveros; Gabriel Ruan Santos; Leonardo Vera Azaf; Catalina Banko; Horacio Biord Castillo; Arnoldo Gabaldón Berti; Román José Duque Corredor

Incluye ilustraciones y fotos

Depósito Legal: DC2021000557
ISBN: 978-980-416-032-5

1. CARRILLO BATALLA, TOMÁS ENRIQUE (1921-2021) 2. BIOGRAFÍA I. Título

Depósito legal: DC2021000557
ISBN: 978-980-416-032-5

© Copyright 2021
ACADEMIA DE CIENCIAS POLÍTICAS Y SOCIALES
Avenida Universidad, Bolsa a San Francisco,
Palacio de las Academias
Caracas 1121-A
Teléfonos: (0212) 482.88.45 - 482.86.34
Fax: (0212) 483.26.74
e-mail: academiadecienciaspoliticas@gmail.com
Página Web: www.acienpol.org.ve
Biblioteca "Andrés Aguilar Mawdsley"
Telefax: (0212) 481.60.35
Sistema de Cooperación Jurídica: www.scjuridica.org.ve
Centro de Investigaciones Jurídicas
Teléfono: (0212) 377.33.58
Proyecto Ulpiano: www.ulpiano.org.ve

Diseño de portada: Evelyn Barboza V.
Diagramación: Oralia Hernández
Impreso en Venezuela

La coedición entre la Academia de Ciencias Políticas y Sociales y la Editorial Jurídica Venezolana fue impresa por Lightning Source, an Ingram Company, para Editorial Jurídica International Inc., 2021

CONTENIDO

PRESENTACIÓN

El presente volumen incluye el texto de las intervenciones orales efectuadas para el acto homenaje de las Academias nacionales al Dr. Tomás Enrique Carrillo Batalla, en celebración del centenario de su nacimiento realizado el 4 de marzo de 2021, vía telemática bajo el auspicio tecnológico de Fundacion Universitas y la moderación del académico Dr. Rafael Badell Madrid.

Participaron por la Academia de Ciencias Politicas y Sociales, los numerarios Humberto Romero Muci, Enrique Urdaneta Fontiveros, Gabriel Ruan Santos y Román José Duque Corredor, por la Academia Nacional de Ciencias Económicas, Leonardo Vera Azaf, por la Academia Nacional de la Historia, Catalina Banko, por la Academia Venezolana de la Lengua, Horacio Biord Castillo y por las Academias de

Ciencias Físicas, Matemáticas y Naturales e Ingeniería y Hábitat, Arnoldo Gabaldón Berti.

Nuestro especial agradecimiento a todos los académicos intervinientes y a las academias nacionales por su auspicio institucional para sumarse a este emotivo y honroso recuerdo a la obra y vida ejemplar del Dr. Tomás Enrique Carrillo Batalla.

Humberto Romero-Muci
Presidente de la Academia de Ciencias Politicas y Sociales

PALABRAS DEL DR. HUMBERTO ROMERO-MUCI PRESIDENTE DE LA ACADEMIA DE CIENCIAS POLÍTICAS Y SOCIALES PARA EL ACTO HOMENAJE DE LAS ACADEMIAS NACIONALES AL DR. TOMÁS ENRIQUE CARRILLO BATALLA EN EL CENTENARIO DE SU NACIMIENTO 04 DE MARZO DE 2021

Señoras y Señores Colegas Individuos de Número de las Academias
Nacionales

Señor presidente de la Academia Venezolana de la Lengua

Señora director de la Academia Nacional de la Historia

Señor presidente de la Academia Nacional de Medicina

Señor presidente electo de la Academia de Ciencias Políticas y Sociales

Señora presidente de la Academia de Ciencias Naturales,
Físicas y Matemáticas

Señora presidente de la Academia Nacional de Ciencias Económicas

Señor presidente de la Academia Nacional de Ingeniería y el Hábitat.

Querida familia Carrillo Lucas.

Señoras y Señores Profesores

Estimados todos.

Hoy las Academia Nacionales reafirma una tradición de profundo
valor institucional. Rendir homenaje en el centenario de su nacimiento

a uno de los académicos venezolanos de mayor irradiación y coherencia intelectual en Venezuela: El Dr. Tomás Enrique Carrillo Batalla.

Es una potente oportunidad para descubrir y recordar la recia personalidad de uno de los forjadores del patrimonio moral e histórico del país. En su semblanza recordamos la vigencia perdurable de su pensamiento y de su acción.

El Dr. Carrillo Batalla es, sin duda, un integrante de esa *minoría selecta* de venezolanos, que se distinguen por una trayectoria de *excelencia*[1]: Una vida esforzada, dispuesto siempre a superarse a sí mismo, a trascender de lo que es hacia lo que se propone como deber y exigencia.

La obra académica de TECB es monumental. Fue individuo de número y expresidente de la Academia de Ciencias Políticas y Sociales, Individuo de número fundador y primer presidente de la Academia Nacional de Ciencias Económicas e Individuo de número de la Academia Nacional de la Historia. Fue presidente emérito de la Fundación Alberto Adriani. Sus aportaciones intelectuales al conocimiento y al progreso del derecho, la economía[2], la historia, incluso la literatura y la geografía social[3], son incalculables en cantidad y en calidad. Hoy su obra y su ejemplo trasciende como un referente de la academia venezolana.

El Dr. Carrillo Batalla tuvo una educación exquisita en Venezuela y en el exterior y fue portador de una gran cultura. Fue beneficiario de una herencia familiar ejemplar, cuyo fundamental patrimonio fue un caudal de civismo. Habló francés, inglés y español perfectamente. Manejó instrumentalmente el alemán. Su dominio multidisciplinario del derecho, la economía y la historia, lo hicieron indispensable para el estudio y solución de los problemas más acuciantes del país.

Su condición de universitario fue una forma de vida. Allí pudo volcar su energía creadora, su empeño civilizador, su ciudadanía responsable y digna; su lujosa vitalidad al servicio del país. Fue profesor emérito

---

[1]   *Cfr*. ORTEGA Y GASSET, José, *La rebelión de las masas*, Cuadragésima cuarta edición, Espasa, Madrid 2011, p. 130

[2]   *Cfr*. MAZA ZAVALA, Domingo Felipe, **"La obra económica de Tomás Enrique Carrillo Batalla"**, en **Libro homenaje a Tomás Enrique Carrillo Batalla**, Universiada Central de Venezuela, Caracas 2009, p. 1064.

[3]   *Cfr*. CUNILL GRAU, Pedro, **"Aportes geográficos del doctor Tomás Enrique Carrillo Batalla"**, en **Libro homenaje a Tomás Enrique Carrillo Batalla**, Universiada Central de Venezuela, Caracas 2009, p 570.

y candidato a rector de la ilustre Universidad Central de Venezuela. Un docente de notables resultados como investigador y organizador. Dejó una ancha estela de enseñanzas y discípulos. Su compromiso fue lograr una universidad para una nación digna que perdure como la cuna de una cultura de paz y luz, libre, plural, democrática y por sobre todo eternamente autónoma.

El Dr. Carrillo fue un hombre de estado. Tuvo un compromiso vital con los valores democráticos y republicanos, con la libertad y el estado de derecho, con la iniciativa y la propiedad privada, con la seguridad y el orden jurídico. Un venezolano de temple, con vocación de servicio, comprometido con el progreso del país.

Fue miembro de la Comisión de Reforma Agraria de 1958, Ministro de Hacienda en 1960, Diputado al Congreso de la República en 1979, presidente de la Comisión de Estudio y Reforma Fiscal de 1980, integrante de la Comisión de Reforma del Estado de 1988, proyectista de innumerables leyes nacionales, particularmente impulsor de la sanción del Código Orgánico Tributario. Fue empresario, banquero, agricultor, ganadero y criador de caballos. Fue un hombre multifacético. Entusiasta del arte, amante del campo y la naturaleza.

El Dr. Carrillo fue el catalizador de las grandes empresas intelectuales modernizadoras de la hacienda pública de su tiempo[4]. Fue presidente de la comisión de reforma fiscal que liderizó el *"Informe sobre el Sistema Fiscal de Venezuela"*[5], conocido como «Informe de la Misión Shoup» en *1958*[6] y después Presidente de la Comisión de estudio y reforma fiscal en 1980. Estos esfuerzos mantienen vigencia como principios de racionalización del sistema fiscal después de varias décadas. Su liderazgo se caracterizó por su capacidad para convocar y dirigir grandes equipos multidisciplinarios y con distintos intereses.

---

[4] *Cfr*. CRAZUT, Rafael, "Actualidad e importancia de al albor de la comisión de estudio y reforma fiscal 1980-1984", en **Libro homenaje a Tomás Enrique Carrillo Batalla**, Universiada Central de Venezuela, Caracas 2009, p. 530

[5] **REPÚBLICA DE VENEZUELA**, Ministerio de Hacienda, Comisión de Estudios Financieros y Administrativos, Caracas, 1960.

[6] Iniciativa del Ministro de Hacienda de entonces Arturo Sosa. La Comisión estuvo dirigida por Carl Shoup e integrada por otros destacados expertos: John Due; Lyle Fitch, Sir Donald Mac Dongall, Oliver Oldman y Stanley Surrey. John Hopkins Press, Baltimore 1959.

Por eso su nombre se inscribe entre los grandes hacendistas venezolanos, junto a Román Cárdenas, Manuel Egaña, Alberto Adriani, José Antonio Mayobre y Pedro Tinoco, h.

Posiblemente la empresa que más agradó al Dr. Carrillo fue el estudio de la historia. Fue un convencido del poder cultural que tiene seleccionar, ordenar, explicar y desmitificar el pasado. En su criterio, en el saber histórico siempre subyace la búsqueda de un mejor futuro, evitando la desmemoria y la improvisación. Fue un cultivador sistemático de la historia de la legislación venezolana, de los ciclos económicos, las finanzas públicas, el pensamiento económico y político de venezolanos ilustres. Este aserto lo comprueba más de 120 libros escritos sobre el particular.

El Dr. Carrillo cultivó una prosa clara y precisa. Su estilo fue inteligente, culto, con un vocabulario inagotable y al alcance de cualquier lector. Justamente es lo que hace que el saber sea profundo y fecundo.

Su aporte representa una aplicación práctica del compromiso intelectual del académico con su tiempo y su sociedad.

Como todos los grandes intelectuales organizó una gran biblioteca que fue su orgullo. Reunió más de 56 mil volúmenes, en materias diversas como el derecho, economía, historia, literatura y arte. Generosamente la donó a la biblioteca nacional en 2006.

El Dr. Carrillo tuvo una vida prolífica y longeva. Murió a los 94 años y hasta su último aliento, irradió siempre su presencia digna.

Sin lugar a duda, su más valiosa empresa fue la fundación de una familia ejemplar. Misión comprometida que realizó junto a su recordada y querida esposa Agatha Lucas Briceño. 9 hijos y 17 nietos. Agatha fue siempre la luz de su camino y el centro de su hogar.

Las Academia nacionales, más allá de exaltar el prestigio de sus numerarios, reconociendo su incontestable competencia en el dominio y cultivo de las ciencias, pretende convocar a las nuevas generaciones a emular los ejemplos valiosos de aquellos hombres que son paradigmas de progreso e interacción social madura y critica para la promoción de la voluntad democrática del cuerpo social y las formas de convivencia social no autoritarias.

En esta oportunidad, numerarios de las distintas corporaciones académicas nos darán una breve semblanza de la polifacética trayectoria de nuestro homenajeado.

Para comenzar, como discurso de orden para presentarnos a Tomás Enrique Carrillo Batalla el *hombre público*, intervendrá el Académico de Ciencias Políticas y Sociales, profesor Enrique Urdaneta

La presentación de la obra del *Hacendista Público* estará a cargo del Profesor Gabriel Ruan Santos, Académico de Ciencias Políticas y Sociales.

La explicación de la obra *económica* del Dr Carrillo estará a cargo del Dr. Leonardo Vera Azaf, individuo de número de la Academia Nacional de Ciencias Económicas.

La explicación obra *histórica* será expuesta por la profesora Catalina Banko, individuo de número de la Academia Nacional de la Historia.

La explicación de la obra *literaria* del Dr. Carrillo estará a cargo del Dr. Horacio Biord, Individuo de Número y presidente de la Academia Venezolana de la Lengua.

En representación de la academia de Ciencias Físicas, matemáticas y naturales y de la Academia Nacional de Ingeniería y el Hábitat, intervendrá el Académico Arnoldo Gabaldón Berti.

Finalmente, en representación de la *Fundación Alberto Adriani* intervendrá el Académico Román Duque Corredor.

Agradecemos a las academias nacionales y a todos los académicos expositores por sumarse a este merecido homenaje. Les reconocemos la oportunidad de recordar el pensamiento del Dr. Carrillo Batalla en el día jubiloso de su centenario. Una oportunidad estelar para conmemorar la obra del jurista, el economista, el historiador, el universitario, el estadista, en suma, celebrar la vida y obra de ese *gran venezolano.* Para nuestra fortuna, su ejemplo nos acompaña más luminoso y actual que nunca.

Muchísimas gracias a todos.

Fort Lauderdale, 4 de marzo de 2021

TOMÁS ENRIQUE CARRILLO BATALLA:
VIDA POLÍTICA

PROF. ENRIQUE URDANETA FONTIVEROS*

Tomas Enrique Carrillo Batalla. Ministro de Hacienda 1961.

---

* Individuo de Número de la Academia de Ciencias Políticas y Sociales.

*

El hecho de que las academias nacionales se reúnan en sesión especial para tributar un homenaje a la memoria de Tomás Enrique Carrillo Batalla habla con elocuencia de la magnitud de su obra, de lo mucho que deben nuestras corporaciones y la sociedad venezolana a sus aportes. Quizá no alcance a ponderar en este acto la magnitud del legado intelectual y moral de quien nos congrega ahora, debido a su profundidad y a su extensión, pero les aseguro que partiré del afecto que le profesé y de mi admiración por sus contribuciones, pero también del compromiso adquirido con los colegas académicos que me trajeron a una tribuna tan comprometedora.

Asomado este breve preludio, confieso que quise detenerme en lo principal de sus libros, en la abrumadora colección de sus impresos, para llegar a la conclusión de que no podía ni debía ahora tratar de analizarlos. El tiempo sencillamente no lo permitiría. De allí que tratara más bien de pasar breve revista al conjunto de sus pasos por la vida pública para buscar el motivo que lo convirtió en una presencia constante

21

en la marcha de las academias y también en el terreno de la política y en la preocupación por el bien común.

******

El genial narrador y periodista inglés, Gilbert K. Chesterton (1874-1936), acuñó una frase que bien podría dimensionar la existencia humana: "Siempre se ha creído que existe algo que se llama destino, pero siempre se ha creído también que hay otra cosa que se llama albedrío. Lo que califica al hombre es el equilibrio de esa contradicción".[1]

Ante esa reflexión podemos inferir que la materia que nos compone viene ya escrita en nuestros genes, pero serían la mente y el alma las que nos convocan a inventar una historia nueva. Los grandes hombres, los ciudadanos eméritos que han hecho de sus vidas una colección de aportes, contribuciones y logros, seguramente al final de sus días sopesen con mayor justicia cuánto fue antecedente y qué tanta producción original se necesitó para alcanzar el equilibrio en sus existencias que menciona Chesterton. Si existe un venezolano en el siglo XX que se definió desde el equilibrio entre su herencia familiar e histórica y la labranza de su pensamiento y acción es Tomás Enrique Carrillo Batalla.

Fui cercano al Dr. Carrillo Batalla, mucho conversamos sobre el país, su realidad, y también sobre su pasado y futuro. Durante el siglo XX venezolano, Carrillo Batalla fue protagonista y testigo de primer orden. Su actividad pública, bien como político, funcionario en importantes roles de poder, educador y académico, y a la vez como historiador y ensayista de estimable obra, lo sitúan en ambas riberas de este río que es Venezuela. A veces siendo cauce indetenible de la nación, otras entendiéndola y documentándola para el porvenir.

¿Por qué Tomás Enrique Carrillo Batalla fue cómo fue? ¿Por qué estuvo presente en la mayoría de los compromisos de nuestras academias y en infinitos vaivenes de la vida pública? ¿Por qué, mientras vivió una larga y laboriosa vida, jamás se notó su ausencia cuando las academias y el país pasaban por trances delicados, o también por situaciones apacibles? ¿Por qué siempre estuvo presente?

Seguramente las páginas de sus obras tienen la respuesta, pero hay algo fuera de ellas que lo empujó a una entrega que ciertamente dejó de

---

[1]	Gilbert K., Chesterton, *Ortodoxia*, México, Editorial Porrúa, 1998. p. 19.

ser excepcional porque se hizo cotidiana, porque se volvió parte de la rutina. El mismo resorte que lo condujo a convertirse en autor prolijo y solvente, lo volvió compañía habitual en las principales empresas intelectuales y políticas que la academia y la atención del bien común se propusieron. Tocamos un aspecto que a primera vista parece irrelevante porque, como ofreció testimonios de su interés en incontables propósitos relacionados con la creación de conocimientos y con la atención de la sociedad, parece que no se está ante algo insólito que merezca atención.

Precisamente ese es el punto. Tomás Enrique Carrillo Batalla hizo común lo excepcional, hasta el punto de impedir la apreciación de las razones que me obligan a considerarlo como un abanderado del compromiso individual llevado con creces a la parcela pública. Merecedor de especial reconocimiento no solo por la extensión de sus ejecutorias y su invariable constancia, sino también porque, si se le observa con atención, puede explicar una considerable parte de las razones que, por dolorosa omisión, han sumido a Venezuela en el agujero que está en la actualidad.

Para completar, el rasgo al cual pretendo conceder relevancia topa con el escollo de su estilo personal, porque no se ocupó de pregonarlo de manera estentórea. El valladar comenzaba en sus palabras, en primer lugar, distinguidas por la afabilidad y las buenas maneras. También en el tono de su voz, suave y, en consecuencia, susceptible de comunicar una sensación de intimidad de la cual no podían salir, aparentemente, decisiones concretas e importantes. Igualmente, su forma de acercarse a los interlocutores a través de un comedimiento cada vez más inusual, aún en los claustros de nuestro Palacio de las Academias. Todo lo podía ocultar su necesidad de que las conversaciones no se convirtieran en piezas de teatro, mucho menos en monólogos, sino solo en fórmulas de acercamiento para la consecución de objetivos beneficiosos.

Recordemos a Carrillo Batalla en los pasillos de esta casa, o en los espacios del salón de sesiones o en las reuniones que llevaba a cabo en su despacho para ocuparse de asuntos de incumbencia colectiva. Jamás para la búsqueda de una utilidad personal, sino solo y siempre de iniciativas que pudieran favorecer a las instituciones y a la sociedad en general.

Como me refiero a una conducta distinguida por la espontaneidad, a una forma de comunicarse que no implicaba ningún tipo de esfuerzo, por cuanto se trataba de una inclinación adherida a su sensibilidad como cosa natural, como cualidad metida en la piel sin retorcimiento, no resulta exagerado pensar que se trató de una virtud trasmitida por sus orígenes familiares, una posibilidad de vincularse con los otros como hicieron sus antecesores y de la cual heredó instrucciones íntimas que bien podía refrescar o recrear en su peripecia vital.

Para Carrillo Batalla su origen fue un gran condicionante de vida. Procedía de un linaje del que se sentía especialmente orgulloso. Aunque había nacido en Caracas, algunos de sus antecesores directos, padre y abuelos, provenían de Trujillo, región de gran estirpe en nuestra formación como República. Y todos esos que le precedieron habían sido de relevancia nacional en los avatares de la política y el servicio público.

EL CIUDADANO VENEZOLANO

Tomás Enrique Carrillo Batalla nació un 4 de marzo de 1921 y se despidió de este mundo el 13 de octubre de 2015 a los venerables 94 años. El nombre que lo bautiza honraba al mismo tiempo a su padre, el Dr. José Tomás Carrillo Márquez, y a su tatarabuelo, don José Tomás Carrillo Gámez. Esa línea paterna se entroncaba con el mítico prócer trujillano de la Independencia, el General Cruz Carrillo, hermano del citado tatarabuelo.

Cuando Carrillo Batalla fue incorporado solemnemente a la Academia de Ciencias Políticas y Sociales, en diciembre de 1972, el académico que le tocó en fortuna dar el discurso de contestación fue el ilustre Dr. Luis Villalba Villalba. En su memorable discurso de contestación, el recordado maestro Villalba hacía una síntesis hermosa y sentida de aquella herencia trujillana que antecedía a Carrillo Batalla.

> …el doctor José Tomás Carrillo Márquez, era hijo nada menos que del gran civilizador de los Andes, don Juan Bautista Carrillo Guerra, a quien el Congreso Nacional mandó colocar una lápida en el centro de la Iglesia Matriz de Trujillo, por su labor sencillamente impagable en beneficio de la Imprenta y la Educación

Popular en Trujillo. (…) De abolengo le venía a don José Tomás la recia solera miraveliana y la preocupación grávida de humanidad de mantener intacto el culto hogareño: nutrió y vistió a los suyos con el sudor de su frente y enseñó a sus hijos a ser caballeros agradecidos y dignos, porque bien sabían esos cristianos viejos, de la elevada cortesanía, que solo somos mejores en la medida en que nos superan nuestros hijos. Y la madre, doña Edelmira Batalla Abreu de Carrillo Márquez, hija del General Francisco Batalla, personaje del liberalismo venezolano, Ministro de Guerra y Marina y de Fomento en las Administraciones de Andueza Palacio y de Andrade, Gobernador del Distrito Federal y Presidente del Grande Estado Zamora. (…) De ella le viene a Tomás Enrique la afabilidad en el trato, y la suavidad de su índole y la innata inclinación hacia el meditar con sosiego y el platicar sin reservas, amable y digno (…) El propio general Francisco Batalla dio acogida a intelectuales, artistas, periodistas, a cuantos daban prestigio a la República, al punto de que el doctor Lisandro Alvarado, con agradecida justicia, calificó su casa -que bullía de tertulias condimentadas con la sal capitosa de la risa ruidosa y el jacarero chiste granillero- El Ateneo de los Batalla.[2]

Esta cita del discurso del maestro Luis Villalba Villalba en el Paraninfo del Palacio de las Academias, hace casi 50 años atrás, pone en su justo valor el por qué el propio Carrillo Batalla se sentía honrado de su raigambre. De muchos de esos nombres, algunas de las más grandes figuras de nuestras letras hicieron menciones nobles y destacadas. El admirado Mario Briceño Iragorry en su libro clásico "Presencia e imagen de Trujillo", le dedica unas palabras llenas de afecto al padre de nuestro homenajeado, el Dr. José Tomás Carrillo Márquez:

Muchos, al verlo tan serio y tan gravemente decorado por la lustrosa calva, no atinaban a adivinar el fino espíritu burlón que adornaba al doctor José Tomás Carrillo Márquez, digno hijo del famoso repúblico don Juan Bautista Carrillo Guerra. Abogado de vasta cultura, el doctor Carrillo Márquez ejerció con brillo su

2   Luis Villalba Villalba, *Contestación al discurso de incorporación del Dr. Tomás Enrique Carrillo Batalla como Individuo de Número de la Academia de Ciencias Políticas y Sociales*, en https://www.acienpol.org.ve/wp-content/uploads/2019/09/sillon-12-2.pdf, consultado el 8 de noviembre de 2020.

profesión y desempeñó uno que otro cargo público. Hombre enchapado a la antigua, el doctor Carrillo Márquez vivía en Caracas por 1930 del mismo modo como vivía en Trujillo el año 1900. El tiempo, con las modas y las costumbres, no hacían mella en su recta personalidad de provinciano. (…) Sus modales, más que aprendidos, veníanle como esencia del propio hogar donde pontificaba el señorío del viejo don Juan y donde brillaba la gracia austera de doña Rosario. Si en él era más recia la gravedad y estaba en él más marcado el apego a las viejas costumbres, en todos los suyos –damas y caballeros- apunta el mismo tono de singular distinción, que ha hecho de la familia Carrillo Márquez una de las más apreciadas estirpes trujillanas.[3]

Pero sería otro prestigioso autor, Mario Briceño Perozo, el que dedicaría toda una obra, titulada "Don Juan de Trujillo", al abuelo de Carrillo Batalla. Este no es otro que Juan Bautista Carrillo Guerra. El hombre que llevó la imprenta a aquella región, el civilista, el que logró después de tantos años que Ignacio Andrade consintiera en darle identidad y personalidad política a Trujillo, disolviendo ese constructo que fue el Gran Estado Los Andes, invento de Antonio Guzmán Blanco, un presidente que jamás simpatizó con esas provincias. Juan Bautista Carrillo Guerra, Diputado al Congreso nacional, Vicepresidente de esa misma institución, Presidente de estado, pero sobre todo hombre de y para la cultura. Un intelectual que se formó en su casa, a la luz de lo que leía, que se cultivó y se educó desde la ciudadanía y la civilidad. Un hombre fuera de su tiempo, pero un maestro para su tiempo.

Por cosas de la vida, Mario Briceño Perozo era también descendiente de Carrillo Guerra. Un hijo natural de éste, el general Magín Briceño, fue su padre. Así que "Don Juan de Trujillo" era también su abuelo. Además, Carrillo Guerra también fue mi bisabuelo. Su hija, doña Guadalupe Carrillo Márquez casó con mi abuelo, Enrique Urdaneta Maya. Entonces mi padre, Enrique Urdaneta Carrillo, era primo hermano de Carrillo Batalla. Esa filiación estrecha nos unió más, y aunque él fuese mayor y más bien contemporáneo con mi padre, Carrillo Batalla me prestigió con su amistad y confianza.

---

[3]   Mario Briceño Iragorry, *Presencia e imagen de Trujillo*, Caracas, Biblioteca de Temas y Autores Trujillanos, 1981. p. 345.

Mucho debió influir en su vocación pública esta ilustre prosapia. Carrillo Batalla se sentía llamado al servicio público, su actitud de siempre fue trabajar por Venezuela. Se lo debía a sus antepasados, pero también se lo debía a sus descendientes. Su obra, enorme y extensa, habla de ese afán por arar el campo para que los que le siguieran cosecharan los frutos. De allí su gran entrega a la labor académica. En las aulas universitarias, el joven Carrillo Batalla le dio sentido a esa pulsión por construir un mejor país. Abogado egresado de la Universidad Central de Venezuela en 1946, obtuvo en 1948 el Master en Economía de la Universidad de Michigan en Estados Unidos, y apenas al regresar en 1949 se dedica a ejercer sus dos profesiones, el derecho y la economía, y a dar clases en su *alma mater*.

Incansable trabajador, Carrillo Batalla en esos años de finales de los cuarenta y principios de los cincuenta se dedicó también a la actividad agropecuaria. En Barinas tenía un fundo que fue foco de los embates de la dictadura de Pérez Jiménez. Ese es el tiempo de su aparición formal en la política, de su surgimiento como ferviente defensor de la democracia.

EL AMANECER DE UN JOVEN POLÍTICO

El inicio de Tomás Enrique Carrillo Batalla en la política se remonta al final de la década de los 30 del siglo XX. Apenas es un adolescente cuando acompaña a Rafael Caldera en la creación de la Unión Nacional de Estudiantes (UNE). Como una suerte de génesis de lo que será COPEI, en 1936 un grupo de jóvenes se separa de la relevante Federación de Estudiantes de Venezuela invocando motivos ideológicos.

Sí bien Carrillo Batalla no figura entre los fundadores de la UNE, sí aparece mencionado en incidentes de trifulcas estudiantiles en las calles de Caracas.[4] La juventud, la inexperiencia y la fogosidad de la época seguramente le pasaron factura. También resalta entre las autoridades de la UNE que escenifican su primer Congreso Nacional, entre el 20 y el 29 de enero de 1939 en el Teatro Municipal. Allí Carrillo Batalla

---

[4]   Manuel Vicente Magallanes, Los *partidos políticos en la evolución histórica venezolana*, Caracas, Editorial Mediterráneo, 1973. pp. 278-280.

aparece como suplente del senado de la organización, junto a Ricardo Zuloaga, Emilio Pérez Vera y Rogelio Valladares.[5] Queda para la historia el que ese evento fue formalmente el primer congreso nacional estudiantil que se hiciera en el país.

Con este antecedente en la política, desde los predios estudiantiles, se inicia la provechosa labor pública de Carrillo Batalla, la cual tendría un relevante momento cuando el nombre de Arnoldo Gabaldón fue mencionado para la primera magistratura nacional.

Gabaldón Carrillo (1909-1990) era un eminente médico trujillano responsable directo de la erradicación de la malaria en Venezuela. A él se acercó a mediados de 1950 el Teniente Coronel Carlos Delgado Chalbaud, en su condición de Jefe de la Junta Militar entronizada desde 1948. Quería proponerlo como Presidente provisional del país y que se convocara a elecciones en 1952.

Luego del magnicidio de Delgado Chalbaud, la Junta retoma el nombre del reconocido galeno trujillano para la primera magistratura. El historiador Rafael Arráiz Lucca sostiene lo siguiente:

> Delgado Chalbaud había pensado en el doctor Arnoldo Gabaldón, un médico sanitarista de gran prestigio en el país. Algunos pensaron que el propio Delgado aspiraría a ser electo Presidente, pero no se tienen constancias documentales de este propósito. En todo caso, una vez formulada la proposición por parte de Delgado a sus compañeros, estos dijeron que habría que consultarse con las Fuerzas Armadas tal proposición. ¿Guarda relación este hecho con el asesinato de Delgado Chalbaud el 13 de noviembre de 1950? No lo sabemos, pero no faltan analistas que señalan que podría haberla, ya que era evidente que Pérez Jiménez y Llovera Páez no tenían intenciones de convocar a elecciones, por ello le manifiestan a Delgado que consultarán con las Fuerzas Armadas, lo que para muchos pudiera ser interpretado que se preguntarían a ellos mismos.[6]

---

[5] *Consignas aprobadas por el primer congreso uneísta*, Caracas, Tipográfica La Nación, 1939, *passim*.

[6] Rafael Arráiz Lucca, *La democracia en Venezuela (xiii): los militares vuelven: la democracia vulnerada (1948-1958)*, en https://proyectobase.org/los-militares-vuelven/, consultado el 15 de noviembre de 2020.

El Dr. Arráiz Lucca más adelante en el mismo artículo afirma:

Han corrido ríos de tinta analizando el episodio, y sus causantes, del único magnicidio que ha ocurrido entre nosotros. (…) lo único cierto es que el comandante Delgado murió y, de inmediato la Junta Militar comenzó a buscarle un sustituto, ya que Pérez Jiménez se cuidó mucho de no sucederlo él para no darle crédito a la hipótesis del interés en su muerte. En los días sucesivos, se pensó que el doctor Arnoldo Gabaldón sucedería a Delgado, como había sido su voluntad, y de hecho comenzó a despachar desde Miraflores a la espera de la confirmación en el cargo por parte de la Junta Militar, pero ello no ocurrió, sino que la Junta prefirió al doctor Germán Suárez Flamerich, entonces Embajador de Venezuela en Perú, quien tomó posesión el 27 de noviembre, modificándose entonces la denominación de la Junta, pasando a llamarse Junta de Gobierno, ya que el nuevo integrante era civil".[7]

Gabaldón Carrillo era hijo de doña Virginia Carrillo Márquez, tía de Carrillo Batalla pues era hermana de su padre. Así don Arnoldo y él eran primos hermanos. Este nexo consanguíneo y la responsabilidad política que enfrentaba Gabaldón llevaron a Carrillo Batalla a saltar al ruedo y tomar posición por su primo. Tanto él como su hermano, el Ing. Francisco Carrillo Batalla (1916-1994), iniciaron reuniones de contacto, sondeos personales a diferentes personalidades y, con la anuencia del futuro presidente, le ayudaron a configurar el posible gabinete de ministros que tomaría posesión.[8] Una de las exigencias de Gabaldón Carrillo a la Junta Militar fue que aquel debía ser un gobierno civil.

A la par de toda aquella actividad, no bien vista por los tachirenses que no querían perder su preeminencia frente a los trujillanos, en 1950 Carrillo Batalla fue el presidente de las Convenciones de Agricultores y Criadores de Venezuela, una responsabilidad que también le sirvió de escuela para la actividad política. Entre 1948 y 1952 fue también el presidente de la Cámara Agrícola de Venezuela, rol de mucha importancia y relevancia que lo expuso a la opinión pública.

---

[7] Ídem.

[8] Así lo afirma Laureano Vallenilla-Lanz en su obra *Escrito de memoria*, Caracas, Ediciones Garrido, 1967. p. 156, libro con el cual éste quiso defenderse luego de la caída de Pérez Jiménez.

Diferentes historiadores como José Ramón Avendaño Lugo y Arturo Luis Berti sostienen que Pérez Jiménez y Llovera Páez comprendieron que el Dr. Gabaldón no sería un títere de los militares. Su mandato de presidente provisional tenía un objetivo que era llamar a elecciones y siendo una figura de tanto prestigio en el país y en el exterior, no podrían manipularlo. La idea de la Presidencia provisional fue desechada.

Inevitablemente desde aquel momento, cuando Carrillo Batalla participa en una acción por instaurar la democracia, su persona quedó señalada por los factores de la autocracia gobernante. Era un independiente, con reputación académica y prestigio universitario. Además, demostraba su idea de ser demócrata a carta cabal en sus primeras salidas políticas. Desde muy joven su existencia se orientó hacia ese destino que entraña libertad, pluralidad, justicia social y ley. Por eso era inevitable que confrontara al gobierno del general Pérez Jiménez y lo hizo sin vincularse entonces con ninguna tolda política. Lo hizo desde el espíritu libertario y auténtico que lo caracterizó. Y por esa actitud terminó tras los barrotes de la Cárcel Modelo.[9]

Aunque Tomás Enrique Carrillo Batalla no quiso hacer alarde de su actividad de entonces, su labor es encomiable en el objetivo de convertir a Venezuela en un país en democracia. Hay muchos indicios de que conspiró para derrocar a la tiranía. El asunto no queda claro porque según una versión que él mismo solía dar, a raíz de un documento que firmó en donde se pedía respetar los resultados electorales de 1952 que Pérez Jiménez manipuló, fue citado por Pedro Estrada a la Seguridad Nacional y quedó detenido por año y medio en la Cárcel Modelo. Gracias a la intervención de dos amigos, el coronel Pulido Barreto y el general Hugo Fuentes, fue expulsado del país y permaneció en el exilio hasta la caída del régimen.[10]

Aunque es reconocido el fuero autocrático y brutal del régimen de Pérez Jiménez, parece un empleo excesivo de los costosos recursos

---

[9]   Enrique Urdaneta Fontiveros, "A la memoria de Tomás Enrique Carrillo Batalla", en *Boletín de la Academia de Ciencias Políticas y Sociales*, No. 154, Caracas, 2015. p. 681, disponible en http://acienpol.msinfo.info/bases/biblo/texto/boletin/2015/BolACPS_2015_154_679-683.pdf, consultado el 27 de enero de 2021.

[10]   Entrevista a Tomás Enrique Batalla en el programa radial *La voz de los creadores*, 2013, en https://soundcloud.com/voz-de-los-creadores-02/tomas-enrique-carrillo-batalla, consultado el 1 de noviembre de 2020.

represores del gobierno sobre alguien que solo refrenda una misiva pública. Como conocí a Carrillo Batalla, puedo sostener la teoría de que a él no le interesaba especialmente la figuración. En el campo de la política su modestia y humildad fueron siempre notorias.

Tanto Pedro Estrada, director de la Seguridad Nacional, como Laureano Vallenilla-Lanz Planchart, Ministro de Relaciones Interiores, y hasta el propio Pérez Jiménez aseveran que Carrillo Batalla estaba conspirando con un grupo en donde figuraban Luis Miquelena, Manuel López Rivas, o militares como el Comandante José Joaquín Jiménez Velásquez y el Mayor retirado Santiago Ochoa Briceño.[11]

Es muy posible que jamás sepamos las honduras y la magnitud de esa actividad conspirativa de Carrillo Batalla. En cualquier caso, parece ser mucho más relevante de lo que él mismo solía declarar. Quizás sus declaraciones solo buscaban minimizar su verdadero papel protagónico en la lucha por la democracia. No alardear de heroicidades o sacrificios y solo reconocer su deber como venezolano y demócrata.

Una de las retaliaciones del régimen contra Carrillo Batalla, luego del episodio de 1950, fue intervenirle las tierras que tenía en Barinas. Argumentando daños ambientales por supuestamente talar árboles, se procedió a prohibirle la actividad agropecuaria.

Luego de salir de la cárcel y ser expulsado del país, el trabajo de Carrillo Batalla es febril en su exilio. Continuó sus estudios. En 1956, en la Universidad de Nueva York, siguió un curso sobre Administración pública y presupuestaria; y hace el doctorado de Economía en la Universidad de Columbia, entre 1955 y 1958. Además, en Nueva York asume un rol político de primer orden que sus propios enemigos señalan como definitorio para derrocar a la dictadura.

Sin embargo, habría que referirse a un precedente relevante que habla del carácter de Carrillo Batalla. En su primera estadía en Estados Unidos, cuando Carrillo Batalla estudiaba en Michigan en 1948 y apenas tiene 27 años, se pone en contacto con el General Medina Angarita entonces exiliado en Nueva York. Así lo narra el propio Carrillo Batalla en su libro "El régimen del General Isaías Medina Angarita":

---

[11] Agustín Blanco Muñoz, *Pedro Estrada habló*, Caracas, Editorial José Martí, 1983, p. 145; Laureano, Vallenilla-Lanz, ob. cit., p.206; Agustín Blanco Muñoz, *Habla el general*, Caracas, Editorial José Martí, 1983. p. 295.

El 18 de octubre en contraste con su obra positiva, Medina se cruzó de brazos y dejó correr las horas sin enfrentar la sublevación. El deber de defender la estabilidad de su gobierno, Medina lo trató de sustituir por "evitar el derramamiento de sangre". Yo personalmente le dije a Medina cuando estaba exiliado en Nueva York, ciudad que a veces yo visitaba durante mis cortas vacaciones de mis estudios de Master en Economía en la Universidad de Michigan, que su decisión le costó al conglomerado nacional mayor derramamiento de sangre (…) Medina me contestó que yo tenía razón, pero que él no tenía elementos en previsión de lo que realmente ocurrió.[12]

Este antecedente de tender puentes con los líderes de otros tiempos, acercar los viejos dirigentes a las nuevas generaciones, cobrará un valor superior en tiempos de conspiración para derrocar a la dictadura. Nos referimos a la primera gran faena de conciliación nacional llevada a cabo por nuestro homenajeado siguiendo el modelo de los viejos de la parentela.

Estamos en su casa de Nueva York en el año 1957. Crecen los rumores sobre la inestabilidad de la dictadura de Pérez Jiménez, pero no hay evidencias ciertas sobre la proximidad de su derrumbe. ¿Cómo buscar con paso firme esa proximidad? ¿Cómo arrojar más leña a la candela de una oposición todavía desconcertada? En su apartamento de exiliado, el joven Carrillo Batalla acude a un recurso que le es familiar. Hace reuniones privadas con los líderes fundamentales de los partidos políticos aventados al exilio, para que intercambien sus noticias, sus inquietudes y sus incertidumbres. Tal trabajo emprende bajo su patrocinio Rómulo Betancourt, Jóvito Villalba y Rafael Caldera, unidos por el propósito de rescatar a la democracia, pero divididos por los intereses específicos de sus partidos. Ahora tienen oportunidad de mostrar sus cartas como jamás lo habían hecho, en un inédito trío, pero, además, de compartir la compañía de un personaje que a primera vista no debía sentarse con ellos en la misma mesa.

---

[12]   Tomás Enrique Carrillo Batalla, *El régimen del General Isaías Medina Angarita*, Caracas, Vadell hermanos Editores, 2008. p. 641.

El anfitrión tuvo la idea de que se incorporara a las reuniones el ex presidente postgomecista Eleazar López Contreras, una apuesta riesgosa porque significaba introducir a un heredero de la antigua dictadura en los anhelos de los heraldos del futuro, pero lo que pareció al principio un atrevimiento concluyó en fructíferos intercambios que podían enrumbar la idea de un régimen de transición que contemplara la presencia de personeros del llamado "lopecismo".

Ya sabemos lo que pasó en un santiamén. En Venezuela la situación desembocó en una sorpresiva salida rápida, pero los intercambios amparados en la tertulia neoyorquina, en esa especie de reedición foránea del "Ateneo de los Batalla", no solo sirvieron para acercar a las figuras primordiales de los partidos, para ofrecer sustento a las alianzas fundamentales que se requerirían de inmediato, sino también para que el general López Contreras retornara al país por la calle principal sin que nadie estorbara su paso.

Manuel Felipe Sierra en un artículo bajo el título "Pacto de Punto Fijo: el largo camino de la democracia", publicado en El Universal explica:

> Paralelamente, en aquellos días se reunían en Nueva York Betancourt, Villalba y ya Caldera exiliado, junto al empresario Eugenio Mendoza y gestiones del economista Tomás Enrique Carrillo Batalla (quien incluso promovió un encuentro entre Betancourt y López Contreras) para definir una estrategia de cómo debería ser un gobierno de democracia tripartita con participación empresarial y ampliamente participativo, en contraste con el gobierno monopartidista de Acción Democrática que condujo a la caída de Gallegos en 1948. En esas reuniones se definió lo que habrían de ser las líneas generales de acuerdos de gobernabilidad recogidos en el Pacto de Punto Fijo.[13]

Estas gestiones que menciona Sierra debieron ser tan efectivas que hasta Pedro Estrada les atribuye una consecuencia devastadora para el régimen de Pérez Jiménez:

---

[13] Manuel Felipe Sierra, *Pacto de Punto Fijo: el largo camino de la democracia*, en https:// noticiasguasabara.blogspot.com/2017/08/pacto-de-punto-fijo-el-largo-camino-de.html, tomado de http://www.eluniversal.com/noticias/internacional/pacto-punto-fijo-largo-camino-democracia_664514, consultado el 14 de noviembre de 2020.

> Las masas no fueron las que derrocaron a Pérez Jiménez. El derrocamiento se produce cuando la oligarquía decidió conspirar. Dile a Miguel Moreno que te dé la lista de las personas que se reunieron en Nueva York, entre las cuales estaba el Gral. López Contreras, Eugenio Mendoza, Caldera, Tomás Enrique Carrillo Batalla y Betancourt. Carrillo Batalla me dijo a mí (y lo puedes constatar con él) que el jefe militar de esa conspiración iba a ser el general López Contreras. Era una cosa perfectamente militar.[14]

Independientemente de cualquier otra consideración, lo cierto es que estas citas revelan el importante papel jugado por Carrillo Batalla para que la dictadura cayera y además se forjara un acuerdo de gobierno razonable, democrático y civilizado para Venezuela, que sería el llamado Pacto de Puntofijo.

Lo más relevante de su personalidad, ese carácter conciliatorio, la permanente búsqueda del diálogo, el respeto por el adversario, se hace visible en todas y cada una de sus intervenciones políticas.

A mediados de 1958, luego de la caída de Pérez Jiménez y tras finalizar sus estudios en la Universidad de Columbia, regresará a Venezuela el Dr. Tomás Enrique Carrillo Batalla. Ahora es un hombre con réditos propios en la alta política del país. Una persona que atesora logros académicos de gran importancia. Vendrá a dar lo mejor de sí en los avatares nacionales de la política. A construir la democracia que él ha ayudado a nacer.

VUELTA A LA PATRIA

Ese año de 1958 vendrá con sucesos muy afortunados para él. Funda una familia al casarse en Nueva York con Agatha Lucas Briceño (1940-2005), con la que formará un hogar honorable que fructificará con 9 vástagos. En Caracas participa del proyecto de creación del Banco República, establecido el 21 de marzo y en operaciones a partir del mes de julio de ese año. Este Banco era filial del Banco Nacional de Descuento (BND), entonces la gran iniciativa de José Joaquín González

---

[14] Agustín Blanco Muñoz, *Pedro Estrada habló... * ob. cit. p. 190.

Gorrondona, personaje muy estimado y respetado por nuestro homenajeado. En 1959 Carrillo Batalla, al frente del Banco República, firma como representante de esa misma institución el establecimiento de la Asociación Bancaria de Venezuela.

Pero en la siguiente aventura política, Carrillo Batalla descuella con sus conocimientos de economía, derecho y lo aprendido en la faena agropecuaria: La Reforma Agraria, de cuya necesidad estaba convencido y de la cual fuera propulsor fundamental y decidido colaborador en su implementación.

Luego del breve paso de la Junta de Gobierno, encabezada por el Contraalmirante Wolfgang Larrazábal y la victoria de Rómulo Betancourt en las elecciones de diciembre de 1958, se proponen cambios de fondo y uno de ellos es la reforma agraria. Carrillo Batalla es un nombre que sale a relucir en el contexto político de esta decisión.

El Dr. Román José Duque Corredor en un importante ensayo sobre la materia hace una exposición de los eventos y alcances de ese esfuerzo entre 1958-1960:

Ese *iter* de la Ley de Reforma Agraria, sancionada por el Congreso Nacional el 22 de febrero de 1960 y cuya ejecución se ordenó por el Presidente de la República, Don Rómulo Betancourt, en el campo de Carabobo el 5 de marzo de 1960, comenzó con la promulgación con anterioridad del Decreto núm. 371 del 26 de septiembre de 1958 por la Junta de Gobierno de la República de Venezuela, que creó la Comisión de Reforma Agraria con la finalidad de estudiar la situación del sector rural del país y elaborar un anteproyecto de Ley de Reforma Agraria adecuado a esa realidad.

Tal decisión fue asumida como compromiso prioritario ante la opinión pública por los signatarios del programa mínimo común presentado al pueblo venezolano el 7 de diciembre de 1958, un día antes de las elecciones presidenciales con las cuales se iniciaba el periodo más largo de República Civil que ha tenido nuestra patria.

La referida Comisión fue presidida por el doctor Víctor Giménez Landínez, uno de los fundadores del Derecho Agrario venezolano, quien junto con los doctores Martín Vegas, Tomás Enrique

Carrillo Batalla, Salvador de la Plaza y Eduardo Mendoza Goiti-
coa, constituyeron el Comité Coordinador de dicha Comisión del
que el doctor Bernardino Mosquera fue el secretario.[15]

La reforma agraria, aunque significó un hito incontestable de la
unidad política que se acababa de formar y una respuesta a la muy antigua reclamación del campesinado venezolano, no logró alcanzar los
objetivos que su texto legal imponía. Las políticas agrarias parecieron
no ir a la misma velocidad que las necesidades de inversión, tecnología
y educación que el campo ansiaba. Pero en el momento de su promulgación generó una ola de esperanza que fue valiosa para el país. Entre
los precursores de este esfuerzo por mejorar las condiciones de vida de
los productores del campo se encuentra la figura que hoy nos congrega.

Se dan pasos decisivos hacia la estabilización de la democracia
y, para ello, el Pacto de Puntofijo permitía los necesarios acuerdos.
Además, la insurgencia armada, resabio de una nación violenta con
muchos años de tradición golpista y subversiva, agarraba fuerza bajo
la protección y el estímulo del régimen comunista de Fidel Castro en
Cuba. En momento tan álgido, la personalidad de Tomás Enrique Carrillo Batalla se prestigia en la citada Comisión de la Reforma Agraria. Su
nombre suena para derroteros más altos. Su fama de economista y abogado versado y estudioso, con grandes amistades y relaciones entre el
empresariado nacional y la banca, lo señalan como la figura idónea para
enfrentar la crisis económica que se agrava a partir de 1960. Carrillo
Batalla es nombrado por Betancourt Ministro de Hacienda. Su carrera
política llega a su apogeo.

Un rasgo que honra a Carrillo Batalla es que cuando fue nombrado en noviembre de 1960 Ministro de Hacienda, no solo renuncia a la
presidencia del Banco República que él había ayudado a crear, sino
que vende todas sus acciones de la misma institución. Comprendía que
los intereses de la nación estaban muy por encima de los propios. En
su conciencia era incompatible ser un funcionario público de tan alta
investidura y a la vez accionista de un banco privado.

---

[15] Román José Duque Corredor, "Trascendencia histórico-jurídica de la Ley de Reforma
Agraria venezolana del 5 de marzo de 1960", en *Revista de Estudios Agrarios*, N°42, Mé-
xico, Procuraduría Agraria, 2009. p. 141.

Es importante poner en contexto el momento histórico y político que vive Venezuela cuando Carrillo Batalla llega al Ministerio. La galopante crisis económica que enfrenta el gobierno de Betancourt pone en serios aprietos la inversión social y muchos de los proyectos prometidos. El déficit fiscal y la recesión son muy pesados. Se imponían medidas antipáticas, urgentes y decisivas. Además, se requería de un plan de acción de rápido despliegue para evitar la debacle. El Dr. Franklin González en su libro "40 años de democracia económica, social y política en Venezuela (1959-1999)" hace una síntesis precisa del momento y el accionar de Carrillo Batalla:

El 7 de noviembre de 1960 se establece el control de cambios ante una indetenible fuga de capitales. El Ministro de Hacienda para entonces, José Antonio Mayobre, renuncia al no poder establecer la disciplina fiscal. Lo sustituye Tomás Enrique Carrillo Batalla, quien genera muchas expectativas en los sectores económicos y en medios universitarios.

El Ministro Carrillo Batalla presenta el 22 de noviembre de 1960 ante el Congreso Nacional un diagnóstico de la situación fiscal existente, señalando que el déficit fiscal para el 30 de junio de 1961 se estima en Bs. 941 millones, y el déficit de caja, que podría situarse en Bs. 385 millones para el 31 de diciembre de 1960, se elevará a Bs. 709 millones al término del mes de febrero de 1961. Para enfrentar esta situación promovió un cambio en la política económica, consistente en aumentar los medios de pago para reanimar la economía y controlar estrechamente el gasto público. Estas líneas se presentaron en diciembre de 1960, bajo la forma de un "Plan de Recuperación Económica", con cuatro grandes áreas problemáticas: el restablecimiento de la confianza, la superación del déficit presupuestario, la regularización del movimiento de caja y la reanimación de la economía.

Para lo primero se planteó la necesidad de cumplir con tres condiciones: restablecer el orden público, reorientar la cuestión laboral tratando de equilibrar los intereses de los trabajadores y la capacidad de las empresas, y coordinar la Administración Pública alrededor de una política fiscal coherente con la situación del país.

Con relación al déficit presupuestario, se propuso reducir el gasto fiscal y aumentar algunos impuestos. Para solucionar el déficit de caja, se planteó la emisión de letras del tesoro. Finalmente, la reanimación de la economía sería lograda principalmente por dos vías: Reorientar el gasto público, por medio de la transferencia al sector privado de un cierto número de empleados y obreros 'sobrantes', para lo cual el Estado otorgaría contratos a empresas privadas que absorberían a este personal, sobre todo en obras públicas y aumentar la liquidez por la vía de redescuento y otorgando diversas formas de financiamiento al sector privado.[16]

Ante un escenario en donde la crisis económica sacudía las cimientes del país, mientras la violencia de la insurgencia saboteaba el frágil equilibro político que se había logrado, Carrillo Batalla emprende con el apoyo y el respaldo de numerosos sectores un programa que diseñó en tan solo 20 días. El 22 de diciembre de 1960 hace una alocución en cadena de radio y TV. Era la primera vez en la historia nacional que un Ministro, y no el Presidente, se dirigía al país. En esos 90 minutos de transmisión Carrillo Batalla logró la confianza, la comprensión y el respaldo de toda Venezuela. Su prestigio como político subió y empezó a ser visto como una personalidad con el talento y las condiciones para la primera magistratura.

Si bien su paso por el Ministerio fue tan solo de seis meses, en ese corto período protagonizó grandes momentos de la historia de Venezuela. Refrendó en calidad de Ministro la nueva Constitución Nacional. La carta magna había sido sancionada por el Congreso el 28 de noviembre de 1960, promulgada el 23 de enero de 1961 y puesto el ejecútese del Presidente y sus ministros el 23 de febrero del mismo año en el Salón Elíptico del Palacio de Miraflores.

El 20 de diciembre de 1960 el "Plan de Recuperación Económica", conocido como el Plan Carrillo Batalla, había sido aprobado íntegramente en Consejo de Ministros. Que en febrero del siguiente año se hicieran evidentes las dificultades en su aplicación sobre todo en el campo fiscal, solo podría significar la dura batalla política que estaba enfrentando Carrillo Batalla. Lo que empezó con una gran esperanza se tornó en un trance inquietante y álgido.

---

[16] Franklin González, 40 *años de democracia económica, social y política (1959-1999)*, Caracas, Instituto de Altos Estudios Diplomáticos Pedro Gual, 2006. pp. 13-14.

Aunque se notaron algunos signos de recuperación, el propio Ministro Carrillo Batalla reconoció que el plan económico no había marchado con la celeridad deseada. Carrillo Batalla renunció a su cargo explicando que el plan de recuperación económica encontraba obstáculos administrativos para su ejecución. Señaló entre las causas de la renuncia la "práctica viciosa de actuar al margen de los lineamientos de la política y los programas aprobados".[17]

Funcionario sin el apoyo partidista cuando renacían los partidos políticos y procuraban asentamiento firme en la burocracia, miembro del alto gobierno en un lapso de marcada inestabilidad, probablemente las pugnas por la sobrevivencia del experimento democrático que daba sus primeros pasos, o por la supremacía de los factores involucrados, lo pusieron frente a un rompecabezas de espinas que no quería soldar, o de cuyas piezas se sentía ajeno. Un estudio más atento de su vida seguramente se detendrá en estos pormenores para encontrar mejores explicaciones.

Si bien el Plan Carrillo Batalla no entraría en vigor a plenitud, las bases allí expresadas, el ajustado análisis y las salidas propuestas fueron de alguna manera implementadas en los años venideros. Tanto el ingeniero Andrés Germán Otero que lo sustituye en Hacienda, como mi recordado amigo el doctor Benito Raúl Losada, ministro en el gobierno de Raúl Leoni, se aprovechan del espíritu y la guía de ese plan. Por segmentos aplican algunas de las medidas propuestas y logran la estabilización y resurgimiento de la economía venezolana. Luego en el período de Rafael Caldera se alcanza la mayor cota de equilibrio, equilibrio luego perdido en la década de los 70 cuando el explosivo ingreso petrolero distorsionó y deformó la política fiscal y de inversiones en el país.

En este tiempo que llega, Tomás Enrique Carrillo Batalla personifica la renovadora idea del líder político de nuevo cuño. Independiente de partido e ideología, con alta preparación intelectual, gerencial y académica, de respetuosas y educadas formas de trato, y estimado por sectores tanto universitarios como políticos, financieros y militares. La oportunidad que aparentemente el país no podría obviar.

---

[17] *Revista Cultura Universitaria*, Nos. 78-84, nota de la redacción, Caracas, Universidad Central de Venezuela, 1962. p. 103.

EL CANDIDATO PRESIDENCIAL

Luego de su paso por el Ministerio de Hacienda, Tomás Enrique Carrillo Batalla regresa a los predios universitarios y a las actividades profesionales privadas. Se dedica a escribir y publicar algunos de sus textos más conocidos; "La economía del comercio internacional en Venezuela" y "El desarrollo del sector manufacturero industrial de la economía venezolana", ambos en 1962. También "El desarrollo económico de Venezuela" que se edita en 1963.

Justamente ese año es nombrado en la Comisión Organizadora del Cuatricentenario de Caracas. Allí participa con notables figuras como Eugenio Mendoza, Reinaldo Leandro Mora, Alfredo Boulton, Mauro Páez Pumar, Rafael de León y Julián Ferris, entre muchas otras personalidades. Preside la Comisión de Obras Económicas. El trabajo es intenso y culmina en 1967 con los cuatrocientos años de Caracas en celebración memorable por el despliegue de eventos, actos, actividades y publicaciones.

También en 1963 Carrillo Batalla es lanzado para presidir Fedecámaras. El sector agropecuario lo propone. El rubro de la construcción hace lo propio con Alfredo Rodríguez Amengual. Se presagia una campaña muy reñida. Pero al aparecer en el panorama un candidato de consenso, Emilio Conde Jahn, Carrillo Batalla con hidalguía renuncia a su candidatura. Luego lo haría Rodríguez Amengual. Conde Jahn presidiría con acierto a Fedecámaras hasta 1965.[18]

Sin embargo, será en 1966 cuando su nombre empiece a sonar de nuevo en los círculos de la alta política. En 1968 ocurrirían las nuevas elecciones. Tras los fenómenos electorales suscitados en 1958 (Wolfgang Larrazábal llegando de segundo tras Betancourt) y 1963 (Uslar Pietri arrasando la votación en Caracas y obteniendo curules en la Cámara de Diputados y la de Senadores, además de la mayoría en el Concejo Municipal del Distrito Federal), el ambiente político parece reconocer que es el tiempo de una candidatura independiente. Un líder que no venga desde la férrea disciplina partidista o ideológica y que pueda concitar una mayoría que discrepa de adecos y copeyanos. Aunque el

---

[18] *Revista Número*, Vol. I, Nos. 44-52, Caracas, Editora G-Nueve, 1981, *passim.*

período es tortuoso por la guerrilla en su apogeo, también es instante de acercamientos pues muchos grupos de izquierda, más propensos a la democracia que a la salida armada, tienen ese mismo sentir sobre una candidatura independiente.

Alirio Ugarte Pelayo, aunque vinculado a URD, parece aglutinar una esperanza en los sectores independientes. Es desde la presidencia de la Cámara de Diputados del Congreso donde Ugarte Pelayo logra resonancia y liderazgo. Es una figura emergente, tanto que Jóvito Villalba, cabeza de URD, le planta pelea. Esto lleva a Ugarte a renunciar a URD. Acusado de innumerables cosas, entre otras de estar aliado a los pérezjimenistas, Ugarte Pelayo en 1966 parece ser la figura idónea para aglutinar al movimiento de los independientes entre los que se contaban Tomás Enrique Carrillo Batalla, Pedro R. Tinoco, hijo y Guillermo Morón. Ugarte Pelayo y Carrillo Batalla son amigos desde los tiempos de estudiantes universitarios. Mucho hablan y mucho planifican. Pero entonces ocurre la tragedia. El 19 de mayo de 1966, en su propia casa y en medio de una rueda de prensa que el mismo Alirio ha convocado, el otrora delfín de Villalba decide acabar con su vida por propia mano.

La ilusión de la candidatura independiente para las elecciones de 1968 quedaba en suspenso. Tras la muerte trágica de Alirio Ugarte Pelayo, importantes sectores que venían promoviendo, con no pocas dificultades, un amplio frente de oposición para el lanzamiento de una candidatura independiente llegaron a la conclusión de que solo tres presentaban reales posibilidades de aglutinar un respaldo en torno a su candidatura: Rafael Pizani, Ramón J. Velásquez y Tomás Enrique Carrillo Batalla.

La historia cambió en el transcurso de los meses pues el acuerdo sufrió el infranqueable obstáculo de que no se logró un consenso en ninguno de los nombres propuestos. URD, junto con el Frente Nacional Democrático FND (partido de Arturo Uslar Pietri), la Fuerza Democrática Popular FDP (partido de Wolfgang Larrazábal y Jorge Dáger) y el Movimiento Electoral Nacional Independiente MENI, que era una escisión de URD, decidieron formalizar el "Frente de la Victoria" y apoyar entonces a Miguel Ángel Burelli Rivas que toma para sí el testigo independiente. Lograría un destacado tercer lugar en las elecciones de 1968 con el 22% de los votos del electorado.

El gran prestigio del que gozaba Carrillo Batalla entre todos los sectores políticos hizo que aquel año de 1969 fuese nombrado en la Comisión Pacificadora que presidía el Cardenal José Humberto Quintero. Dicha Comisión fue creada por el recién elegido presidente Dr. Rafael Caldera y respondía a su prometida política de pacificación de las guerrillas. Carrillo Batalla compartió tan importante labor con otras destacadas figuras públicas como Luis Teófilo Núñez, el Dr. Juan Penzini Hernández, Carlos Savelli Maldonado, el Dr. Reinaldo Cervini, el Dr. Alfredo Lafeé, el profesor Pedro Duno y el senador Miguel Ángel Capriles. La principal misión de aquella iniciativa era servir de mediadora entre los insurgentes en armas y el gobierno. Aunque la Comisión, que tendría una vida de solo algunos meses, logró significativos acercamientos con personajes como Douglas Bravo, destacado líder subversivo quien por primera vez en toda la lucha aceptaba dialogar, fue sustituida directamente por las gestiones del Ministro del Interior, Dr. Lorenzo Fernández.

Es innegable que la figura de Carrillo Batalla ha acompañado los grandes momentos de nuestra historia política contemporánea y su carácter, conciliador y dialogante, permitía que sirviera de puente en tránsitos tan duros como el establecimiento de la democracia o el fin de la lucha de guerrillas.

1969 también sería el año donde el Dr. Tomás Enrique Carrillo Batalla sonaría con mucha insistencia para la Contraloría General de la República, en una propuesta de COPEI que públicamente URD y AD convinieron no impugnar. Sin embargo, sería al final el Dr. Manuel Vicente Ledezma quien asumiría el cargo que dejaba el Dr. Luis Antonio Pietri tras 11 años ininterrumpidos de servicio.

Por su innata preocupación por la buena marcha de las instituciones es que en 1972 Carrillo Batalla, ucevista que ha entregado sus mejores años a su *alma mater*, decide dar un paso al frente y ayudar a su universidad. En 1969 el presidente Caldera ordena el allanamiento, intervención y cierre de la Universidad Central de Venezuela, forzando a renunciar a uno de sus rectores más emblemáticos, el Dr. Jesús María Bianco. La universidad abriría en 1970 con la breve rectoría de Rafael Clemente Arráiz y después de Oswaldo de Sola. Para 1972, luego de la reapertura y los cambios, era perentorio devolverle a la institución su majestad y normalidad con la elección de sus autoridades. En ese proceso para elegir al rector la situación de violencia producto de la diatriba política estaba a la vuelta de la esquina. Con los arrestos de valentía personal que Carrillo Batalla había demostrado en otros momentos álgidos de su vida se presentó como candidato. Junto a él otros sectores universitarios propusieron a Francisco de Venanzi, Antonio Muskus, Rafael José Neri, Alejandro Hernández, Oscar Carpio, Joel Valencia Parpacén y Manuel Vicente Benezra. Rápidamente la candidatura de Carrillo Batalla suscita entusiasmo. Se hace inmediatamente un favorito. Pero el resultado es diferente y sorpresivo. Sale elegido el Dr. Rafael José Neri con el apoyo de la izquierda moderada, los demócratas cristianos y Acción Democrática.

1972 sería el año de discusiones políticas y búsqueda de acuerdos. Al año siguiente se realizarían las elecciones presidenciales y el llamado a una candidatura independiente volvía a estar sobre el tapete.

En los círculos políticos se decía que había una búsqueda por concretar una plataforma que permitiera una candidatura realmente independiente frente al bipartidismo hegemónico de AD y COPEI. De allí que los partidos que formaban dentro del Congreso el Frente Nacionalista Popular, conocido como Nueva Fuerza, buscaran extender sus alianzas. Este Frente estaba integrado por el MEP, el PCV y URD. Se llegó incluso a decir también que la Cruzada Cívica Nacionalista, el partido que impulsaba a Pérez Jiménez como líder y que en 1968 había conseguido una respetable votación que lo llevó al parlamento, simpatizaba con la idea. Pero era una conformación demasiado variopinta para tener éxito. Partidos de derecha con partidos de izquierda, conservadores con liberales, comunistas con capitalistas. Una mezcla muy difícil de cohesionar. Algunos medios de comunicación especulaban sobre la viabilidad de un pacto electoral entre los grupos que seguían a Pérez Jiménez, URD y el FDP y que el candidato podría ser Tomás Enrique Carrillo Batalla. También lo apoyaría el "Congreso del Trabajo" de González Navarro.[19]

---

[19] *Revista Semana*, N°248, sección confidencial, Caracas, Publicaciones Semana C.A., 1972. p. 10.

Pero lo cierto es que Carrillo Batalla ha debido sopesar muy bien lo insostenible e incongruente de aquellos aportes. El FDP de Jorge Dáger había perdido a su principal figura, Wolfgang Larrazábal. Uslar Pietri había renunciado al FND en 1968 tras el apoyo a Burelli Rivas en el Frente de la Victoria, dejando al partido en la orfandad. Por su parte, tanto el MEP como URD tenían líderes naturales que eran preferidos antes que un independiente. Ante lo improbable de que aquella coalición tan variopinta fraguara, nuestro homenajeado desalentó su candidatura.

Carrillo Batalla siempre abogó por la participación de los independientes en los asuntos de la vida pública. Se opuso a que en una democracia abierta los partidos políticos pretendieran dominar autocráticamente todas las manifestaciones de la vida nacional. Hay muchas evidencias de entidad sobre su interés por la participación autónoma de los ciudadanos en los asuntos relacionados con el bien común.

En su trabajo de incorporación como Individuo de Número a la Academia de Ciencias Políticas y Sociales, aporte meticuloso que fue publicado en dos volúmenes a la altura de 1972, suscribe afirmaciones macizas sobre el rol de los partidos políticos y sobre la trascendencia de la participación autónoma de los individuos en todos los ámbitos de lo público. Vale la pena copiar los siguientes fragmentos de ese trabajo, debido a su contundencia. Este es el primero:

> En este sentido no es compatible con la esencia democrática de los partidos, su desmedida ambición de dominar los directorios de las asociaciones privadas, de las organizaciones gremiales, de trabajadores, empresarios, profesionales, técnicos; las entidades artísticas, culturales, deportivas, universitarias y científicas. Los partidos deben, por el contrario, contribuir con espíritu abierto y democrático, a que las comunidades de cada una de esas expresiones de la vida nacional, se desenvuelvan sin el trauma de la lucha partidista trazada desde arriba y desde lejos, matando con ello su libre juego democrático y la genuina expresión de su espontánea voluntad.[20]

---

[20] Tomás Enrique Carrillo Batalla, *Historia crítica del concepto de la democracia*, Vol. I, Caracas, Empresa "El Cojo" S.A., 1972. p. 78.

Y este es el segundo:

> Íntimamente conectado con los puntos anteriores, está el papel de los independientes en la política nacional. Estos por el sistema vigente, están reducidos a un status de semi-servidumbre o subordinación, frente a los partidos, pues de lo contrario no pueden ni pensar en postularse para ningún cargo de elección popular. Tienen que constituirse en grupos de electores y reunir un número determinado de firmas, o sea que el requisito los hace escalar una especie de primer peldaño para constituir un partido político. Los que no se deciden por este procedimiento tienen que allanarse a ir en la plancha de un partido, con lo cual, a pesar de las mutuas afirmaciones del postulado y el partido, en el sentido de la conservación de su independencia, a los ojos escrutadores y en la jerga chispeante de nuestro pueblo, tal cosa constituye una suerte de primera o parcial entrega de su calidad de independiente al seno del partido postulante.[21]

Tal vez queramos nosotros que los partidos estuvieran hoy más presentes en todos los ámbitos de lo público, porque su ausencia o su debilidad ha facilitado el establecimiento de la dictadura, pero nuestro homenajeado habla en el comienzo de la década de los años setenta del siglo pasado atormentado por el declive que comienza a percibirse en las formas de gobernar fundadas a partir de 1958. ¿No hubieran marchado las cosas por otro derrotero, si los individuos representados y propuestos espontáneamente por Tomás Enrique Carrillo Batalla se hubieran involucrado con cabal decisión en los asuntos controlados por los partidos, o si les hubiesen permitido o se hubieran ganado la posibilidad de hacerlo?

Hago una pregunta sin fundamento debido a que apenas se refiere a una posibilidad, a algo que no sucedió, pero me he tomado la licencia de formularla por el hecho de sentir de cerca los resultados de una cadena de omisiones y silencios provocada por la precariedad de las organizaciones políticas de la democracia representativa, pero también por la mudez de muchos a quienes la formación profesional y la ubicación

---

[21] *Ibíd.*, p. 81.

en estrados de importancia han debido convocar para evitar la terrible desembocadura de nuestros días.

Si en el tiempo de mayor actividad política de Tomás Enrique Carrillo Batalla la renovación de los partidos, su reconexión con los anhelos y demandas de la gente, era una necesidad perentoria, en nuestro aciago presente es una urgencia impostergable. Del renacimiento de los partidos políticos, de su relegitimación, dependerá la sobrevivencia de la democracia.

En 1977 sería el último intento de Carrillo Batalla por tratar de dar una esperanza a la opción de una candidatura presidencial independiente promoviendo, junto con otros, el movimiento electoral Alianza Independiente. La Alianza Independiente no tuvo éxito o fuerza electoral, pero su presencia era, sin duda, un síntoma más del escepticismo creciente frente al gobierno y los partidos. Sin embargo, esto no llevó a la derrota de los partidos; pero tampoco a su corrección, por desgracia.

El Dr. Carrillo Batalla, un ilustre venezolano que habría podido ser una oportunidad en la presidencia del país, era perdido para el futuro de la nación. Se repetía la situación que le había acontecido a su primo Arnoldo Gabaldón. Quedará entonces solo para la especulación y los ejercicios de ficción lo que habría pasado si alguno de los dos hubiese regido los destinos de Venezuela.

EL PARLAMENTARIO

En los comicios de 1978, Tomás Enrique Carrillo Batalla fue elegido Diputado principal del Congreso Nacional por el partido COPEI. Aunque entró en la plataforma de los socialcristianos, lo cierto es que lo hacía como independiente. Y así se desempeñó durante su etapa legislativa que abarcó desde 1979 hasta 1984. Su nombre figura junto a otros connotados políticos que prestigiaban a nuestro parlamento. Venezolanos como Gonzalo Barrios, Enrique Tejera París, Allan Brewer-Carías, Marcos Falcón Briceño, Virgilio Lovera, Domingo Maza Zavala, Manuel Caballero, Ramón Guillermo Aveledo o Héctor Hernández Carabaño.

Sería en la Comisión de Finanzas y Contraloría de la Cámara de Diputados donde Carrillo Batalla desarrollará su labor.

Es importante destacar que el período político, social y económico que le tocó enfrentar a ese Congreso resultaría de los más crispados y difíciles hasta entonces. Para ello baste señalar que en 1983 se vivió la primera devaluación en casi dos décadas de estabilidad y un control cambiario, medidas aplicadas en el históricamente conocido como "viernes negro". Pero hubo más eventos espinosos. El juicio por la compra con sobreprecio del barco "Sierra Nevada", que incluyó un procedimiento contra el entonces expresidente Carlos Andrés Pérez, o la intervención del Banco de los Trabajadores de Venezuela que suscitó un gran enfrentamiento de poderes entre un Congreso con mayoría adeca y un ejecutivo que acusaba debilidad, hasta el punto de forzar la renuncia de su ministro de hacienda Luis Ugueto. Todos estos sucesos revelarían lo complicada de aquella dinámica legislativa.

Como parlamentario Carrillo Batalla realizó una destacada labor. Mención especial merece en ese sentido la tesonera actividad desplegada por nuestro homenajeado en los trabajos que condujeron a la sanción del Código Orgánico Tributario por parte del Congreso Nacional en 1982. Consciente de la necesidad de contar con un instrumento que consagrara los principios generales, las sanciones y los procedimientos aplicables a todo tipo de tributos, y a las facultades de las distintas administraciones tributarias y sus límites, Carrillo Batalla le dio un vigoroso impulso al Proyecto de Código Tributario sometido por el Ejecutivo Nacional a la consideración del Poder Legislativo. Sostuvo incontables reuniones de trabajo con los miembros de la Comisión Permanente de Finanzas de la Cámara de Diputados colaborando eficazmente con las modificaciones y sugerencias de reforma del texto presentado. Tuvo una participación activa en las discusiones parlamentarias del Proyecto contribuyendo eficazmente a la revisión de su articulado final y a la aprobación del texto legal. Su aporte al desarrollo y modernización del derecho tributario nacional es pues indiscutible.

Lamentablemente el Código Orgánico Tributario de 1982 fue objeto de desafortunadas reformas en los años 1994, 2001, 2014 y 2020, con fines muchas veces netamente recaudatorios, sancionatorios y persecutorios. Esta situación, además de potenciar la corrupción y lesionar derechos fundamentales de los contribuyentes, ha alterado ostensiblemente el equilibrio de la relación tributaria que consagró el Código Orgánico de 1982.

Es el propio Carrillo Batalla en su libro de 1988, publicado por la Academia Nacional de Ciencias Económicas, "El proceso formativo del Código Orgánico Tributario", quien narra algunas de sus acciones políticas en el Capitolio para lograr la aprobación de ese importante texto legal:

Habiendo sido yo designado para presidir la respectiva subcomisión que se ocupó en el seno de la Comisión Permanente de Finanzas de la Cámara de Diputados, de estudiar el proyecto que ahí reposaba sobre Código Tributario, me consagré junto con los otros Miembros de esa subcomisión, los diputados Armando Sánchez Bueno, Homero Parra, José Miguel Uzcátegui, Domingo Felipe Maza Zavala, a revisar minuciosamente desde marzo de 1979 hasta noviembre de 1980, todo el articulado del proyecto, el cual fue objeto de un cuidadoso análisis, a los fines de adaptarlo a la realidad venezolana, (…)

La Exposición de Motivos con la cual se acompañó el Proyecto a discusión en Diputados, revela las modificaciones que propusimos en aquella oportunidad y que fueron acogidas sin alteración por el pleno de la Cámara de Representantes (…)

Una vez aprobado el Proyecto por la Cámara de Diputados se remitió a la Cámara del Senado donde se le hicieron modificaciones a algunos artículos (…)

Una importante modificación introducida por la Cámara del Senado fue la concerniente a cambiarle la denominación al Código en el sentido de incluir en el título la expresión Orgánico, o sea, Código Orgánico Tributario. Ello fue sumamente importante. Nosotros comprendemos que estuvo destinado a evitar toda duda o posible litigio que pudiera presentar cualquier persona en el futuro, solicitando la nulidad de la Ley al invocar que no era Orgánica (…)

Regresado por el Senado a Diputados, el Proyecto, pasó a la Comisión Permanente de Finanzas y la misma subcomisión volvió a estudiar las modificaciones propuestas por el Senado, las cuales ya habíamos discutido con ellos en el curso de los trabajos de la respectiva Comisión de la Cámara Alta que estuvo presidida por el senador doctor Pedro París Montesinos. Conversamos con él, y con los senadores Chumaceiro y Manzo Núñez. En una forma muy armoniosa estuvimos siempre desde el principio, de acuerdo en aceptar las modificaciones que ellos creyeron conveniente hacerle al Proyecto, tal como había sido inicialmente aprobado por la Cámara de Diputados. Fue por esa circunstancia que yo redacté el Informe aprobando esas modificaciones y como tal fue presentado a la Cámara de Diputados, la cual las sancionó en su integridad.[22]

Las maneras de hacer política de Carrillo Batalla, respetar al contendiente, pactar, dialogar, contrastaban con esa nueva forma alevosa y poco ética de dirimir los altercados políticos. La antipolítica se impondría trágicamente en Venezuela en las décadas por venir.

Sería la Cámara de Diputados la que, en 1980, a solicitud del propio Carrillo Batalla, promovería la creación de la Comisión de Estudios y Reforma Fiscal (CERF). Esta sería una instancia clave para la racionalización de la actividad económica, la institucionalización de la hacienda pública y la transformación de la administración tributaria nacional. Los estudios sectoriales y los trabajos realizados por esta Comisión fueron publicados en 32 volúmenes por la Academia Nacional de Ciencias Económicas. Fue esta Comisión, que Carrillo Batalla presidió y se mantuvo activa hasta 1986 en el gobierno de Lusinchi, la que preparó un Anteproyecto de ley que contempló el establecimiento del impuesto al valor agregado y la que por primera vez planteó la idea de los "Contribuyentes Especiales".

Al terminar su período en el Congreso, Carrillo Batalla con sus ideas modernizadoras del estado y apalancado en su visión de futuro pasó a formar parte de una iniciativa de gran alcance para el futuro nacional: la Comisión Presidencial para la Reforma del Estado (COPRE).

LOS ÚLTIMOS TIEMPOS EN LA POLÍTICA

Mucho se adelantó en el desarrollo de cambios imprescindibles para la salud de la república gracias a esta iniciativa en la cual participó la figura que hoy nos congrega. La COPRE entre 1984 y 1999 propone y logra mudanzas esenciales para los asuntos públicos. La ineficacia de la

---

[22] Tomás Enrique Carrillo Batalla, *El proceso formativo del Código Orgánico Tributario*, Caracas, Academia Nacional de Ciencias Económicas, 1986. pp. 6-8.

administración y el desencanto de la sociedad por la desatención de sus necesidades y por la distancia que separaba a los poderes públicos y a los partidos políticos de los requerimientos de la gente sencilla, condujeron a la necesidad de cambiar rumbos y maneras a través de procedimientos concertados de renovación que impidieran reacciones violentas o, mucho peor, el naufragio del sistema. Un grupo de 35 miembros, 18 de los cuales fueron independientes, se dio entonces a la tarea de fabricar el salvavidas de la democracia. En la vanguardia del elenco de esos independientes estuvo, desde luego, Tomás Enrique Carrillo Batalla.

La COPRE fue escenario de una pugna entre los voceros independientes y los miembros de los partidos. Urgidos los primeros por la iniciación de una metamorfosis imprescindible, temerosos los segundos por su puesta en marcha y por su sobrevivencia en la cúpula, sucedieron encontronazos que no se conocieron en la calle, animados no pocos, en medio de cortesías y a veces con aspereza, gracias a los cuales se llegó por fin a propuestas capaces de ofrecer un segundo aire al designio democrático.

Los independientes, entre ellos con insistentes intervenciones Tomás Enrique Carrillo Batalla, propusieron salidas que juzgaban ineludibles para la superación de una crisis creciente, como la apertura de caminos conducentes a la democracia interna en el seno de las toldas políticas y al control de sus formas de financiamiento, sin lograr el cometido. Sin embargo, después de arduas polémicas que debieron pasar por la necesidad de su tratamiento con las autoridades de los partidos, con las fracciones parlamentarias, con empresarios, con autoridades universitarias, con miembros de las academias nacionales, con jerarcas religiosos, con los dueños de los medios de comunicación y con el propio jefe del Estado, llegaron a propuestas fundamentales como la realización de elecciones de gobernadores y alcaldes y la aprobación de una Ley de Descentralización de la Administración Pública. En el diseño y ejecución de estas propuestas que suministraron la bocanada de oxígeno requerida para la reanimación de la república, no pocas veces movió su fuelle el hombre cuya memoria estamos celebrando.

La COPRE fue un punto y aparte en la forma de pensar al Estado. En 1999, al salir de la Comisión, Carrillo Batalla cerraría un ciclo como funcionario y servidor público que se extendió por más de treinta y cinco años. Un tiempo de actividades que lo enaltece y lo celebra como un venezolano íntegro.

En su entrega de mayo-junio de 2012, *El Ucabista*, órgano de la Universidad Católica Andrés Bello, mi *alma mater* en donde me desempeño como profesor desde hace muchos años, publicó un trabajo titulado *El fiel de la balanza*, sobre las elecciones que estaban a punto de ocurrir. Llamó mi atención porque en su entrada colocaba una imagen de Tomás Enrique Carrillo Batalla votando en uno de los procesos anteriores. Allí estaba este prohombre de la democracia frente a la urna de votación, ocupando dos columnas de la página con su corbata de pajarita y su sombrero de viejo caraqueño, depositando el sufragio. ¿Por qué esa alusión, en principio inesperada? ¿Un capricho? ¿Un azar?

Los editores la seleccionaron a propósito, debido a que el autor del artículo, profesor Néstor Luis Luengo, quería referirse al rol de los llamados no alineados en la actualidad venezolana, es decir, a los independientes. Al abordar el aspecto cualitativo de los aludidos que hacían entonces tanto ruido, o que eran pasto de las críticas en un ambiente muy polarizado, afirma que se está:

> ante una postura que reivindica la independencia de criterios, la cual, desde su punto de vista, posibilita el equilibrio y la viabilidad de ver lo malo y lo bueno de cada una de las opciones electorales, sin apasionamiento y sin las gríngolas que vienen con el sectarismo. Valoran altamente la autonomía e independencia de criterios, y la tendencia mayoritaria rechaza -hasta con cierta indignación- la equivalencia entre el no alinearse y una presunta pasividad o desinterés por la política o, peor, falta de compromiso con los asuntos públicos.[23]

Pero agrega acertadamente el autor, al insistir sobre los rasgos de los no alineados:

> Reivindican los discursos directos, prácticos, creíbles, unitarios, conciliadores y que denoten respeto frente a la disidencia y adversarios. En consecuencia, defienden la inclusión. En contra-

---

[23] Néstor Luis, Luengo, "El fiel de la Balanza", en *El Ucabista,* Universidad Católica Andrés Bello, mayo/junio 2012. pp. 6-7.

posición manifiestan un claro rechazo a los mensajes y acciones pugnaces, insultantes, agresivos sectarios o revanchistas.[24]

Hace referencias de carácter panorámico, como se ha podido observar, pero, quizá sin saberlo a cabalidad, también realiza el retrato hablado de Tomás Enrique Carrillo Batalla. O tal vez lo quería hacer y por eso sugirió que se destacara su imagen en la primera página del texto.

Tomás Enrique Carrillo Batalla no solo fue un eminente político abocado a la democracia, sino también un verdadero Académico. Individuo de Número de la Academia de Ciencias Políticas y Sociales de la cual fue su presidente durante el bienio 1980-1982, fue también elegido Miembro de la Academia Nacional de la Historia y de la Academia Nacional de Ciencias Económicas, de la cual fue su primer presidente y fundador. Además, fue un brillante pensador que quiso contribuir con un corpus ensayístico al progreso y modernización del sistema democrático.

En el cúmulo de sus obras se puede encontrar el sustento teórico de su conducta, una tarea que invita a la atención de un equipo de investigadores que tendrán mucho trabajo. No solo tendrían que ahondar en las particularidades de su biografía, debido a que ahora apenas se ha hecho sobre ella un vuelo de pájaro, sino también en el conjunto de una bibliografía abrumadora que comienza con el estudio de la democracia y el desenvolvimiento material de la sociedad en la antigüedad clásica y concluye con el análisis de nuestros días.

Por años Carrillo Batalla, en diferentes escenarios, ayudó con solvencia y honestidad intelectual a vislumbrar un futuro posible. Ello se debió, sin duda, al enorme amor que tenía por su país, Venezuela. Un amor que excedía el superficial patriotismo y alcanza ribetes de sacrificio, entrega y dedicación. Su idea del funcionario público, honesto, moderno gerencialmente, preparado académicamente, pero estructuralmente venezolano, anteponiendo el país a sus propios intereses, la llevó hasta darle corporeidad en él mismo. Él fue ese ejemplo. Su vida es entonces la obra más verdadera, profunda, respetuosa y valiosa de todas las que nos legó.

---

[24] Ídem.

Por eso agradecemos su existencia, su vida noble y laboriosa, su legado intelectual, su contribución política en pensamiento y acción. El Dr. Carrillo Batalla, una ausencia que a Venezuela le será difícil llenar. Un modelo del cual deberíamos apropiarnos para soldar el rompecabezas venezolano de hoy.

PALABRAS EN HOMENAJE A TOMÁS ENRIQUE CARRILLO BATALLA

PROF. GABRIEL RUAN SANTOS*

*   Individuo de número de la Academia de Ciencias Políticas y Sociales.

Agradezco a la Academia de Ciencias Políticas y Sociales y demás Academias Nacionales, así como también al Presidente de nuestra Corporación y a la familia Carrillo Lucas, la oportunidad de participar en este merecido homenaje a la memoria del doctor Tomás Enrique Carrillo Batalla, quien perteneció a tres Academias Nacionales: de Ciencias Políticas y Sociales, de Ciencias Económicas y de la Historia. Con sobrados méritos fue elegido para integrar las mencionadas instituciones, pues fue un importante actor político, un destacado jurista, un sabio economista y un estudioso de la historia nacional en sus vertientes política, económica y hacendística, a lo cual se añade el haber sido un fecundo escritor en dichas materias. Se me ha pedido recordar algunos de sus aspectos que lo han calificado como un actor y estudioso de la hacienda pública y del campo de los tributos en nuestro país. Para cumplir este encargo, en el breve tiempo del que dispongo, me concentraré en cuatro hechos que considero de la mayor relevancia, los cuales son: La aprobación legislativa del Código Orgánico Tributario, la coordinación de la Comisión de Estudio y Reforma Fiscal de los años ochenta del pasado siglo, la gestión como Ministro de Hacienda y su obra la Historia de las Finanzas Públicas en Venezuela.

En primer lugar, porque explica mi estrecha vinculación con el personaje, el doctor Carrillo Batalla fue uno de los mayores promotores del Código Orgánico Tributario en Venezuela, conjuntamente con el doctor José Andrés Octavio, desde los inicios de su discusión en los años setenta del pasado siglo XX. Sabido es que el Código Orgánico Tributario venezolano proviene de la adaptación del Modelo de Código Tributario para América Latina del Programa Legislativo OEA-BID, impulsado especialmente por el Instituto Latinoamericano de Derecho Tributario, y en el cual participaron los juristas tributaristas más importantes de América Latina. En efecto, como diputado al Congreso Nacional, el doctor Carrillo logró su definitiva aprobación legislativa en el año 1982, luego de cinco años de esfuerzos para convencer a las fuerzas políticas, a los sectores económicos y a la burocracia de su conveniencia. Pero entre los años 2000 y 2001, tuvo una participación igualmente destacada para encauzar de manera razonable y equilibrada una reforma amenazante inspirada en el Modelo de Código Tributario propuesto por el Centro Interamericano de Administradores Tributarios (CIAT) y la famosa Disposición Transitoria Quinta de la Constitución de 1999, antecedentes que planteaban el incremento notorio de las facultades de la Administración Tributaria y la consiguiente disminución de los derechos y garantías de los contribuyentes. En aquella época, el doctor Carrillo Batalla y los doctores José Mélich Orsini, José Andrés Octavio y Armando Montilla, integraron una comisión mixta de la Academia de Ciencias Políticas y Sociales y de la Asociación Venezolana de Derecho Tributario (AVDT) para afrontar el tema frente al SENIAT y a la Asamblea Nacional. Tuve el honor de apoyar al doctor Carrillo en la tarea de hacer observaciones y propuestas relativas al proyecto de reforma y de acompañarle en la comparecencia ante la controversial comisión de la Asamblea que discutió el proyecto. Es de destacar que el doctor Armando Montilla, quien era presidente de la AVDT en aquel momento, relataba que se habían obtenido setenta y cinco modificaciones al proyecto original, como producto de estos trabajos académicos, y a no dudarlo, por la eficiente gestión del doctor Carrillo.

Como anécdota personal y significativa demostración de senti-mientos, me permito recordar con la venia de la audiencia, que la seño-ra Agatha Lucas de Carrillo Batalla, ejemplo de amor y de solidaridad conyugal, siguió a prudente distancia y haciendo labor de costura, nues-tra sesión de trabajo en un salón del hogar de la familia Carrillo Lucas. Creo que esta experiencia inolvidable fue la causa del gran afecto que siempre me unió al doctor Carrillo y a su señora.

En segundo lugar, me refiero a la Comisión de Estudio y de Re-forma Fiscal, la cual culminó con el conocido Informe Final sobre la Reforma del Sistema Fiscal Venezolano del año 1983. Esta iniciativa partió de la Cámara de Diputados del Congreso de la República y con el liderazgo del doctor Tomás Enrique Carrillo Batalla, ilustre miembro de ese organismo parlamentario, razón por la cual tocó al doctor Carrillo presidir esa Comisión. Desde luego que esta Comisión tuvo como ante-cedentes otras iniciativas destinadas, en años anteriores, a la reforma del Estado y en particular a la de la administración pública y al manejo de los recursos fiscales, en las cuales también había participado el doctor Carrillo. Desde la llamada Comisión Shoup del año 1958, así llamada por el profesor Carl Shoup, quien coordinó al grupo de expertos, la mi-sión de la ONU, hasta las versiones de la Comisión de Administración Pública de los primeros períodos de Rafael Caldera y de Carlos Andrés Pérez. Sin embargo, la magnitud de los problemas del Estado y de la economía venezolana hizo insuficiente estas experiencias de estudio y planificación, razón por la cual se crea la nueva Comisión presidida por el doctor Carrillo Batalla, por iniciativa del Congreso y decreto de crea-ción del Presidente de la República Luis Herrera Campins.

Múltiples problemas colectivos hicieron necesaria esta nueva Co-misión de Estudio y Reforma Fiscal: la marcada y creciente dependen-cia del fisco del ingreso petrolero y sus altibajos; la evidente insufi-ciencia y rigidez del ingreso petrolero ordinario para llenar la brecha entre el gasto público y el crecimiento expansivo de las demandas de la población, aumentadas por las corrientes de inmigración de todo el continente latinoamericano; la evasión fiscal y la baja e inequitativa presión fiscal; el crecimiento del gasto público sin políticas de racional-ización; el crecimiento desmesurado del endeudamiento público, sobre todo externo, para financiar no sólo gastos de inversión sino los déficits originados por la operación de los entes descentralizados; el crecimiento irracional del gasto público improductivo, las importaciones, el consumo masivo; la proliferación de institutos oficiales y de empresas del Estado; la diversificación de proyectos estatales de la más variada índole; la indetenible corrupción administrativa; etcétera.

Dicha Comisión reunió una pléyade de expertos nacionales e internacionales, cuya lista desbordaría estas breves palabras, divididos en subcomisiones de ingreso público, de gasto público, de deuda pública, de presupuesto y administración, y de control y contabilidad, coordinadas por los doctores Pedro Palma, Domingo Maza Zabala, Hernán Avendaño, José Miguel Uzcátegui y Juan Manuel Sucre Trías, con la secretaría ejecutiva de la doctora Ruth de Krivoy. El enfoque de la Comisión era muy amplio, pues dado el peso de la presencia del Estado en la sociedad venezolana, partía de la premisa de que cualquier reforma fiscal no podía evitar una "reforma a fondo de la estructura y funcionamiento del Estado…Obviamente, indicaba la introducción del Informe Final, redactada por el doctor Carrillo, por reforma fiscal no puede entenderse la simple adopción de nuevas medidas que tiendan a recaudar nuevos ingresos para gastarlos ineficientemente, sino más bien una revisión de conjunto de los renglones del gasto público, que racionalice ampliamente ambas variables, y que propenda al logro de objetivos de desarrollo económico y diversificación de la producción, que a la larga haga más eficiente el sistema fiscal y lo independice progresivamente del ingreso petrolero. El bienestar colectivo, la paz social y el mejoramiento en la distribución del ingreso deben ser, igualmente, objetivos determinantes en este proceso".

El trabajo de la Comisión de Estudio y Reforma Fiscal desembocó en numerosas recomendaciones y múltiples proyectos de leyes, producto de la más amplia participación intelectual y pluralismo ideológico, que fueron entregados al Presidente Jaime Lusinchi, a las Cámaras del Congreso de la República, a los partidos políticos, a las organizaciones empresariales y laborales, académicas, técnicas y profesionales, y a la opinión pública general, que demuestran el valioso esfuerzo de sus proponentes y en particular, de la sabia coordinación del doctor Carrillo Batalla.

Las subcomisiones integrantes de la Comisión produjeron múltiples conclusiones y recomendaciones; por ello, nos limitaremos a destacar algunas de las producidas por la de Ingreso Público, reflejadas en el Informe Final de 1983. Se recomendaba ir independizando al fisco del ingreso petrolero, para dar mayor participación al sector interno mediante la tributación, dado que la renta petrolera más que ingreso tributario configuraba la venta de un activo del patrimonio estatal. En el mismo sentido, recomendaba el aumento paulatino del precio de la gasolina destinado al consumo interno y la creación de un impuesto general a las ventas, el cual sería preparatorio del impuesto al valor agregado, para distribuir más ampliamente la carga tributaria entre los diversos sectores de la población. En cuanto al impuesto sobre la renta, recomendaba una tasa fija para las empresas, para atemperar la inflación, con gravamen pleno al dividendo, y una tarifa progresiva más estratificada para las personas naturales, a la vez que se afinaban los mecanismos de recaudación. En cuanto a la fiscalidad municipal, proponía la utilización más intensa y racional del impuesto inmobiliario, el cual había sido prácticamente relegado, y la tecnificación de la legislación de los demás tributos locales, con robustecimiento de los mecanismos de recaudación.

En tercer lugar, uno de los momentos más importantes de la trayectoria del doctor Carrillo Batalla fue su designación como Ministro de Hacienda por parte del Presidente Rómulo Betancourt, en una coyuntura de severa crisis fiscal, en el año 1960. Coincidente esta etapa con las secuelas del cambio de régimen político en 1958 y la consiguiente inestabilidad económica, social e institucional, derivada de la caída de la dictadura y del incierto inicio de la democracia representativa en Venezuela. Dicha crisis se expresaba económica y fiscalmente en una peligrosa *falta de confianza*, según palabras del doctor Carrillo, que se concretaba en la reducción de ingreso de inversiones extranjeras, la fuga de capitales, la desinversión y remisión de utilidades al exterior, la remisión de ahorros por parte de los inmigrantes y su salida creciente del país, la disminución del crédito bancario, la caída estrepitosa de la industria de la construcción pública y privada, las remisiones al exterior de capitales venezolanos, la caída de las reservas financieras del Estado por el pago de la deuda pública dejada por la dictadura y el "plan de emergencia" del gobierno transitorio, el desorden administrativo, la ineficiencia en la recaudación de tributos, el creciente déficit fiscal y la insuficiencia de los ingresos ordinarios del Estado, además de otros hechos conocidos que caracterizaron esa etapa de mucha conmoción, como la caída internacional de los precios del petróleo a consecuencia de la reapertura del Canal de Suez y las restricciones a las exportaciones de hidrocarburos hacia los EE.UU.

Ante esta situación, que tendía a prolongarse, y los obstáculos sufridos por la gestión del anterior Ministro de Hacienda, doctor José Antonio Mayobre, quien había sido designado por el gobierno provisional, el Presidente Betancourt llamó al doctor Carrillo Batalla a asumir esa delicada responsabilidad, después de escuchar su exposición como representante del sector privado. Para aceptar el cargo, el doctor Carrillo –con celosos escrúpulos de conciencia- se deshizo de tareas profesionales e inversiones financieras que, a su juicio, comprometían su independencia de criterio.

Para afrontar la tarea asignada como Ministro de Hacienda, el doctor Carrillo Batalla elaboró y presentó con prontitud a la discusión pública el llamado "Programa de Recuperación Económica", el cual consistía en un conjunto de medidas urgentes para enfrentar la coyuntura y no representaba un "Plan de la Nación", según aclaraba el mismo doctor Carrillo, lo cual sería presentado con posterioridad, después que se pudieran evaluar los efectos de las medidas. Dicho Programa estaba integrado por un diagnóstico sincero de los problemas que presentaba la economía nacional y la situación fiscal, seguido de una serie de medidas de política económica y de directrices fiscales, descritos admirablemente en su obra *Crisis y Administración Fiscal.*

Se destaca en ese Programa de Recuperación su posición crítica frente a las políticas constrictivas de la industria de la construcción y de restricción del crédito bancario, llevadas por el anterior Ministro con fines antiinflacionarios, pero que habían provocado efectos depresivos de la economía nacional, así como del manejo inapropiado de las deudas derivadas de la dictadura que había aumentado la desconfianza de los operadores económicos. Insistía en el equilibrio presupuestario con severidad. Para combatir el déficit fiscal proponía la reducción concreta del gasto ordinario y el incremento del gasto de inversión, así como un plan para reducir la nómina de empleados públicos y su desplazamiento con incentivos económicos hacia el sector privado o hacia otras entidades públicas que los requirieran. El crédito público sería unificado en un órgano bajo la dirección del Ministro de Hacienda. En especial exigía responsabilidad en la administración de los institutos autónomos y empresas del Estado, dolor de cabeza de todos los gobiernos, a los cuales exigía resolver sus problemas con sus propios recursos.

En materia tributaria, proponía hacer importantes ajustes en la recaudación de impuestos, en particular, mediante el incremento de la inspección y fiscalización para reducir la evasión fiscal y la ampliación e implementación del mecanismo de retención en la fuente, antes que crear nuevos impuestos o elevar las tasas de los existentes. Sobre todo, apuntaba al aumento del ingreso tributario petrolero y de la industria del hierro, mediante una política consistente de control fiscal y de formulación de reparos específicos a las compañías concesionarias. Mucho se preocupó de la mejor formación de los fiscales de rentas y de la planificación de las inspecciones e intervenciones, a fin de racionalizar y maximizar la utilización de esas herramientas, cuya eficiencia dejaba mucho que desear.

A este respecto, interesa llamar la atención sobre el desarrollo notorio del sistema de retenciones en la fuente del impuesto sobre la renta, que se produjo en este período del Ministerio de Hacienda, sobre todo en el aspecto del impuesto complementario progresivo de las personas naturales, relativo a los sueldos y salarios, pues se trataba de un impuesto cedular, para dar mayor comodidad en el pago del impuesto, para obtener un ingreso mensual regularizado por Tesorería y para rebajar los costos de administración. También en este período se difundió el requisito del certificado de solvencia con los impuestos para realizar diversidad de operaciones económicas, así como también el alza de los impuestos de la renta de licores y la prohibición de importación de cigarrillos, medidas que, a la larga, no tuvieron los mismos efectos positivos que el sistema de retención en la fuente; con respecto a estos últimos supuestos, el mismo doctor Carrillo Batalla reconocía que habían generado, en modo no deseado, corruptelas y contrabando.

Como consecuencia del Programa de Recuperación se produjeron reformas en la Ley del Banco Central, en la Ley General de Bancos y Otros Institutos de Crédito, en la Ley de Impuesto Sobre la Renta, en la Ley de Timbre Fiscal, en las Leyes Orgánicas de la Renta de Licores y de Cigarrillos, en la Ley Orgánica de la Hacienda Pública Nacional, y la promulgación del Reglamento de la Administración General del Impuesto Sobre la Renta.

Su gestión al frente del Ministerio de Hacienda terminó con una significativa renuncia, la cual presentó conjuntamente con un resumen de su gestión y justificada por una serie de preocupantes razones. A pesar de reconocer un conjunto de logros, se lamentaba con cierta decepción de que el Programa de Recuperación Económica no se hubiera completado. Decía que sus amigos lo atribuían a su impaciencia y rigor personal, pero hay que recordar que se trataba de un gobierno de coalición partidista con tendencias divergentes y feroces enemigos en la ultraizquierda y en la ultraderecha. Las actas parlamentarias dejaron constancia de su polémica con el diputado Domingo Alberto Rangel para defender su Programa de Recuperación.

Señalaba como causas de su renuncia: la creencia de que nuestros recursos fiscales son ilimitados y que se pueda girar contra el Tesoro sin tasa ni medida; la dificultad encontrada para reducir el gasto público; la práctica viciosa de actuar al margen de los lineamientos de la política y programas aprobados; la tardanza para aplicar las medidas propuestas para recuperar el tiempo perdido; y la falta de coordinación en la administración pública, con tendencia a la anarquía. Cada partido defendía su parcela de poder en la coalición. Sin embargo, se sentía satisfecho del análisis de la situación fiscal encontrada; de las medidas propuestas para superar la crisis económica y fiscal; de que el Programa de Recuperación Económica -en corto tiempo- hubiera avanzado en un 20% de sus estimaciones; de que hubieran aumentado las reservas internacionales, los depósitos y créditos bancarios; el aumento de la circulación monetaria; el impulso de la producción industrial y sobre todo la actividad de construcción; la disminución del déficit fiscal, a pesar de la resistencia, que permitió financiar la reforma agraria; la reorganización de la administración y legislación de las finanzas públicas; en fin, *la recuperación de la confianza perdida*.

No podría terminar estas palabras sin hacer breve mención de la obra escrita más extensa y prolija del doctor Carrillo Batalla: La

Historia de las Finanzas Públicas en Venezuela. Una colección de historia de la economía y de la hacienda pública en Venezuela, que comprende más de 30 volúmenes, en la cual intervino un grupo de economistas amantes de la historia de esas disciplinas y que contó con la asesoría del profesor Pedro Grasses, maestro de la organización historiográfica y lingüística en este país. Según las palabras del doctor Luis Villalba Villalba, un compendio de "ciencia, enseñanza y divulgación", como la vida misma de Tomás Enrique Carrillo Batalla. Una obra monumental, que no se encierra en el trabajo de una persona, sino que concreta la labor intensa de un grupo generosamente dirigido por la sabiduría y experiencia de su maestro, Carrillo Batalla, destinada a demostrar la existencia palpable de un pensamiento económico venezolano en el cuadro universal de la historia de las ideas y, sobre todo, el legado de la civilidad en la construcción de nuestro país.

Muchas gracias por su atención.

Caracas, marzo de 2021.

TOMÁS ENRIQUE CARRILLO BATALLA EN ACCIÓN: SU TEMPRANA CONTRIBUCIÓN AL FORTALECIMIENTO DEL RÉGIMEN DEMOCRÁTICO EN VENEZUELA

LEONARDO VERA*

*   Individuo de Número de la Academia Nacional de Ciencias Económicas, Sillón 24.

Palabras preparadas en ocasión a la celebración de los 100 años del nacimiento de Tomás Enrique Carrillo Batalla, evento organizado por Academia de Ciencias Políticas y Sociales.

Muy excelentísimos organizadores del homenaje a Tomás Enrique Carillo Batalla en el centenario de su nacimiento, excelentísimos miembros de las academias nacionales, distinguidos miembros de la familia Carrillo Lucas, y demás distinguidas personas que hoy nos acompañan.

Una faceta conocida, pero quizás poco explorada de Tomás Enrique Carillo Batalla, es la que está asociada a su actuación como hacedor de políticas públicas. Tres momentos concretos vienen a nuestro pensamiento. Su accidental pero determinante paso por el Ministerio de Hacienda durante la transición a la democracia en 1960-1961; su destacada participación en la Sub-comisión que se ocupó de estudiar y diseñar en el congreso el primer Código Orgánico Tributario de Venezuela (en 1979); y su labor como presidente en la Comisión de Estudio y Reforma Fiscal de los años 1980s.

Por razones de tiempo, voy a concentrar mi intervención, en el episodio breve, pero de gran trascendencia, referido al paso de Tomás

Enrique Carrillo Batalla como ministro de la hacienda pública, durante el muy difícil proceso de transición a la democracia, y en cómo sorteo los desafíos que tuvo por delante.

Para entender este momento estelar de incursión de Carrillo Batalla en el campo de la política pública, conviene contextualizar la situación política y económica que vive Venezuela para ese entonces, y en particular el gobierno de Rómulo Betancourt.

Comenzando el año 1959, el recién electo gobierno de Betancourt navegaba sobre un clima de efervescencia política y de grandes expectativas de cambio, después de una larga década de silencio político sembrado por la dictadura de Marcos Pérez Jiménez. Poco había podido hacer la Junta de Gobierno que sustituyó a Pérez Jiménez y su Presidente encargado, Wolfang Larrazabal, para mitigar la intranquilidad social, muy especialmente en el campo laboral donde el desempleo subía como consecuencia de atrasos en los pagos de muchas de las obras públicas en ejecución que fueron a la paralización. La tasa de desempleo, que se había mantenido entre 7% y 8% en 1957, comenzó a aumentar, para llegar a 10,3% a finales del año 1958.

Estas complicada realidad económica con la que tuvo que tropezar la Junta tuvo como antecedente inmediato un manejo poco prudente de las finanzas públicas, y en especial del crédito público, pues a pesar del importante incremento de los ingresos petroleros que tuvo a la mano el gobierno de Pérez Jiménez, éste había recurrido en los últimos años a un creciente volumen de préstamos flotantes, no registrados presupuestariamente, ni aprobados por el legislativo, pero adquiridos de manera desordenada por entes de la administración pública, para financiar gasto fiscal en ambiciosos proyectos de obras públicas. Los atrasos en la cancelación de esta deuda que se había acumulado con proveedores y contratistas del sector de la construcción, llevó a la paralización de varios proyectos de infraestructura. Buena parte de esa deuda fue a parar a manos de bancos internacionales, en la medida que los tenedores, por necesidades de liquidez, vendían los títulos con grandes descuentos.

Frente a la parálisis de la industria de la construcción, la Junta presidida por Larrazábal lanzó muy tempranamente un plan de emergencia para generar empleo y así mitigar las protestas. Estos gastos corrientes, junto con los repagos por concepto de deuda, implicaron un costo enorme en términos fiscales, con un incremento en las erogaciones totales estimado en 43,1% en 1958, por lo que las reservas acumuladas del tesoro comenzaron a disminuir dramáticamente.

Así que en pleno proceso de transición a la democracia Betancourt recibe, a comienzos del año 1959, una situación política y económica igual o más compleja. En lo político, por un clima creciente de reivindicaciones laborales y por las amenazas conspirativas provenientes de los extremos del espectro político, que generaban gran incertidumbre sobre la permanencia del nuevo gobierno. En lo económico, campo que más nos atañe, por las dificultades fiscales y los crecientes problemas laborales ya comentados, a los que ahora se añadía la caída en el valor de las exportaciones petroleras que para 1958 se habían desplomado en 10% con respecto al año 1957 como consecuencia de las restricciones a la importación de petróleo por parte de Estados Unidos y de la resolución de la crisis de Suez. El gobierno de Betancourt enfrentaba una enorme brecha fiscal, con vencimientos de deuda que configuraban una crisis fiscal, y que a decir verdad se transformaría en poco tiempo en una crisis de balanza de pagos.

José Antonio Mayobre, que en mayo de 1958 había sido nombrado Ministro de Hacienda de la Junta de Gobierno presidida por Larrazábal, fue ratificado por Betancourt en su cargo, en el primer gabinete de la recién recobrada democracia.

Mayobre no vislumbró posibilidad alguna de ir a una reestructuración de la deuda con los contratistas y proveedores y decide honrar los compromisos, pero agravando la salida de capitales. Según Guerra (2020) entre agosto de 1959 y septiembre de 1960 los depósitos del sector privado en la banca disminuyeron en 25%, liquidaciones que se canalizaron a la compra de divisas. Las reservas internacionales netas descendieron casi un 40% en sólo 10 meses, y esto llevó a que el 6 de noviembre de 1960 el Gobierno ordenara al Banco Central paralizar la venta de divisas a las entidades bancarias comerciales y dos días más tarde el Consejo de Ministros aprobaba el Decreto 390 que establecía el control de cambios. Mayobre renuncia (junto con el Presidente del Banco Central de Venezuela, Alfonso Espinoza) por diferencias sobre la política cambiaria y es designado embajador de Venezuela en los EE.UU.

En medio de una crisis fiscal, una cuantiosa la salida neta de capitales con grave merma de las reservas internacionales operativas, una crisis bancaria en puertas y en un clima general de incertidumbre, el 21 de noviembre de 1960, Tomás Enrique Carrillo Batalla, quien venía de ser comisionado para el estudio de una reforma fiscal y de la reforma agraria, es designado Ministro de Hacienda en sustitución de Mayobre.

Pero no venía huérfano de ideas y mucho menos de acciones inmediatas para la tarea. Exilado en la ciudad de Nueva York Carillo Batalla había estado, entre los años 1957 y 1958, tomando cursos en la universidad de Columbia, específicamente en el área de las finanzas públicas. Fue allí, después del 23 de enero del año 58, que le propuso al distinguido experto tributario internacional, Carl Shoup, venir a Venezuela y hacer un estudio integral de la situación de las finanzas públicas del país, junto con una propuesta de reforma tributaria. Este fue el origen de la Misión Shoup y del reporte que dejaría la comisión para Venezuela, un documento de casi 200 páginas que junto con el informe Musgrave de Colombia, constituirían dos de los mejores reportes de misiones tributarias conocidos en los países en vías de desarrollo. Carrillo Batalla fue un enlace clave para el trabajo de la misión y conoció, en su condición de experto, cada detalle de las recomendaciones. Su nombramiento en el ministerio de Hacienda (en sustitución de Mayobre) generó por consiguiente muchas expectativas en los sectores económicos, pero también en los medios académicos universitarios.

Lo cierto es que, al poco de su nombramiento, el 22 de noviembre presenta ante el Congreso Nacional un diagnóstico de la situación fiscal existente, señalando la crítica coyuntura que estaba atravesando la hacienda pública, como resultado de haber cancelado entre 1958 y 1960 multitud de obligaciones contraídas en la década anterior y de haber tratado de mitigar las tendencias recesivas de la economía con un incremento exacerbado del gasto, lo que condujo a la gravísima situación de insuficiencias de recursos de caja y de índole presupuestarios. Carillo Batalla describió años más tarde y en términos muy simples la situación: Las deficiencias del sistema tributario (apalancado en los ingresos de origen petrolero) y la exacerbación del gasto habían dejado recursos para cubrir sólo la mitad de las erogaciones del sector público ¿cómo solventar esta situación?

Carillo Batalla relata en una entrevista que le hiciera la periodista venezolana Sofía Imber, en mayo de 1989,[1] que a su llegada al despacho de Hacienda, lo primero que encontró sobre su escritorio fue la carta Carta de Intención firmada por José Antonio Mayobre, anterior Ministro de Hacienda, y Alfonzo Espinoza, presidente del BCV, con la que se había suscrito un acuerdo Stand-by por US$ 100 con el Fondo Monetario Internacional. El acuerdo había sido aprobado por el Directorio del FMI el 6 de abril de 1960. Sin embargo, no se había logrado implementar por un cúmulo de resistencias políticas internas. Carillo Batalla sabía que algunas de las medidas allí contempladas y vinculadas a la naciente condicionalidad del FMI eran pertinentes, pero sabía también que el gobierno de Betancourt debía buscar, antes que nada, una vía expedita para la consecución de un amplio consenso, antes de tomar cualquier medida dura de política macro. Al respecto Carrillo Batalla recuerda: "Yo le dije al Presidente que me parecía muy peligroso poner en práctica ese programa con ese elevadísimo costo social y sostuve la tesis de que Venezuela tenía recursos con los cuales salir adelante sin necesidad de ir a buscar fondos fuera, que era la contrapartida que nos ofrecía en aquel momento el Fondo Monetario Internacional. Y efectivamente, así lo hicimos. Se empezó por recortar el gasto público".

¿Pero cómo se hizo? Carrillo Batalla puso en práctica una de sus grandes atributos, una habilidad innata para la consecución de acuerdos de la que hablaremos en un instante. Así que para enfrentar esta compleja situación económica promovió un conjunto de acciones y cambios en la política económica que en líneas generales se presentaron en diciembre de 1960, bajo la fórmula del llamado "Plan de Recuperación Económica" o Plan Carrillo-Batalla, cuyos ejes principales eran: la superación de la crisis fiscal, el restablecimiento de la confianza, y la reanimación de la economía. Para lograr estos objetivos; Carrillo Batalla sabía que necesitaba inscribir el plan en un creciente clima consenso político. El plan lo necesitaba, pues estaba inspirado en ciertas medidas focalizadas en la reducción y reorientación del gasto público y en el perfeccionamiento del nuevo régimen de administración de divisas (o control de cambio). La necesidad de actuar rápido sobre la crisis fiscal

---

[1]   http://saber.ucab.edu.ve/handle/123456789/12093

requería de acciones inmediatas que dejaban a las reformas tributarias en otro horizonte, y obligaban a medidas para mejorar la eficiencia de la recaudación (como la recaudación en la fuente) y concentrarse especialmente en la racionalización del gasto.

Ciertamente, la rebaja de los sueldos y salarios de la Administración Pública en 10%, (excepto para quienes devengaran menos de Bs 300 o US$ 89 mensuales), es tomada hoy como la acción que por aquellos días lucía más heroica y atrevida. Sus efectos de señalización son incuestionables. Pero quizás no fuera aquello los más importante, a la par que conviene recordar que la Junta de Gobierno había autorizado en el año 1958 un incremento de los mismos sueldos y salarios.

El ajuste fiscal fue clave, pero esté no consistió simplementè en una reducción lineal y proporcional en todas las partidas de gasto. El plan contaba con que la reducción de gasto corriente (pagos de nóminas) fuera grande, pero en conveniente combinación con un incremento, de menor proporción, en el gasto de inversión, pues este era esencial para mantener elevada la formación bruta de capital. El establecimiento del presupuesto por programas y la solicitud de un empréstito a la banca nacional e internacional por Bs 667 millones (US$ 199 millones) para fortalecer la CVF, ayudaría justamente a financiar un conjunto de obras públicas.

Pero un movimiento que pone en relieve cuán importante resulta el componente de economía política en los programas de ajuste, es el que Carrillo Batalla desplego para movilizar cerca de 40 mil empleados sobrantes en la administración pública (de una nómina de 120 mil existentes) hacia el sector privado. Aprovechando la llamada "tregua social" entre patronos y trabajadores, que se había alcanzado el 24 de abril de 1958, bajo el nombre de pacto de avenimiento obrero-patronal, en sólo 20 días, en reuniones que reclamaban hasta 18 horas de trabajo logró persuadir a las diferentes facciones del movimiento obrero representados en la CTV, y a aguerridos dirigentes como González Navarro y Rodolfo Quintero, de que la absorción de estos trabajadores por la empresa privada era mejor solución que echarlos a la calle por las dificultades fiscales. En sus palabras Carrillo Batalla llegó señalar: "con el apoyo entusiasta de la Confederación de Trabajadores de Venezuela nosotros hicimos ese reajuste y eso fue importantísimo".

El control cambiario, una de las medidas más controversiales, resultó excelentemente manejado. En palabras de Carrillo Batalla "con muy poco personal y con base en unas normas automáticas". Así desde una pequeña oficina ubicada en el Banco Central de Venezuela las divisas para el sector productivo eran asignadas de acuerdo a un promedio histórico de compras externas reportado por las empresas, sin ningún tipo de discrecionalidad, a una tasa de Bs. 3,35 por dólar, que luego se ajusta en marzo de 1961 para la mayor parte de los renglones "no esenciales" a 4,70 Bs/US$. Para bajar aún más la presión sobre el mercado controlado, muchos renglones se iban pasando a un mercado libre con una cotización más alta, organizado por la bolsa de valores, donde el Banco Central a menudo intervenía para mantener la prima en niveles estables. Este régimen cambiario no colapsó, ayudó a propiciar la estabilidad de la moneda y fue levantado sin mayores un tiempo más tarde.

A mediados de mayo de 1961, ya con estas medidas en ejecución Carrillo Batalla presenta su renuncia al gobierno de Betancourt, éste la acepta y designa para reemplazarlo a Andrés Germán Otero, quien seguiría estrictamente las líneas de acción ya trazadas en el Plan de Recuperación.

En 1961, aquellos 3 tres años previos de gestiones fiscales deficitarias fueron revertidos, y los superávits fiscales se harían crecientes por el resto del periodo de gobierno. La tasa de crecimiento del producto, que en 1960 había sido de 2,1%, subió a 2,4% en el 61 y a 7,2% en el año 1962. Las reservas internacionales crecieron en 1963 en un 28%, las facilidades de redescuento ofrecidas por el banco central se habían reducido al mínimo, y estas buenas consecuciones en el campo fiscal y monetario sirvieron de base para recobrar la confianza de los agentes económicos y desmontar el control de cambios en enero de 1964. Carrillo Batalla en sólo 6 meses le hizo un gran servicio al país y la estabilidad de la naciente democracia.

Marzo 4, 2021

Referencias

Guerra, J. (2020). La política económica de los presidentes venezolanos, Mimeografiado, Caracas, Venezuela.

TOMÁS ENRIQUE CARRILLO BATALLA: SU LEGADO PARA LA INVESTIGACIÓN HISTÓRICA

DRA. CATALINA BANKO*

* Profesora titular en la Universidad Central de Venezuela y de la Universidad Católica Andrés Bello. Individuo de Número de la Academia Nacional de la Historia. Directora del Instituto de Investigaciones Económicas y Sociales de la UCV (2011-2014). Publicaciones recientes: "Maracaibo: del predominio cafetalero al reinado del petróleo" (Rennes, 2020); "Humboldt: naturaleza, progreso y ciencia" (Caracas, 2020); "De la unión colombiana a la República de Colombia: controversias políticas y el arduo camino hacia la conciliación" (Caracas, 2020), "Renta petrolera o la maldición de los recursos: petróleo, rentismo y guerra fría" (Bogotá, 2019); "El Partido Liberal en el laberinto de las luchas políticas" (Mérida, 2018).

INTRODUCCIÓN

La investigación histórica requiere del acceso a variadas fuentes para la reconstrucción de la dinámica económica, social y política. A tal efecto ha sido esencial la recopilación documental y hemerográfica emprendida desde mediados del siglo XX, de manera particular en los años sesenta, cuando se multiplicaron las repertorios documentales que permitían explorar el devenir histórico venezolano, a partir de una perspectiva que se extendía desde la consideración de los hechos políticos, como era tradicional, hasta los asuntos económicos con el objetivo de dotar a los investigadores de las herramientas idóneas para encaminar sus indagaciones. Con la misma preocupación, Tomás Enrique Carrillo Batalla consagró buena parte de su existencia al empeño de reunir materiales especializados en la economía venezolana, que hasta entonces habían despertado escaso interés entre los historiadores, más atraídos por el acontecer político. Precisamente, a continuación, nos proponemos resaltar ese aspecto de su polifacético quehacer, haciendo énfasis en su inapreciable legado para la investigación en el área de la Historia Económica.

LAS PRIMERAS COMPILACIONES DOCUMENTALES

La organización de fondos documentales se inició tempranamente en Venezuela con la primera colección de los *Documentos relativos a la vida del Libertador*, publicada entre 1826 y 1833. Esta obra fue concebida por Cristóbal Mendoza y Francisco Javier Yanez, hombres inmersos en la lucha política, pero convencidos de la necesidad de contribuir a la formación de la conciencia histórica, como uno de los pilares que habrían de legitimar los postulados enarbolados durante el proceso emancipador en Venezuela. En la "Introducción", Cristóbal Mendoza exaltó la importancia de propiciar la "conservación ordenada de los documentos que han de servir de base a la redacción de una historia verdadera", los que "purificados por la crítica" debían sostener el "carácter de la verdad", teniendo en cuenta que con frecuencia se habían desfigurado los hechos, o bien no fueron registradas las correspondientes referencias temporales o espaciales.[1] Este comentario es un indicio de la inquietud reinante por rescatar y clasificar la documentación dispersa, con el fin de conservar la memoria de los acontecimientos bajo el principio rector de la "verdad" histórica.

La mencionada publicación fue el punto de partida de la historia documental en aquella conflictiva etapa de la unión colombiana, iniciativa que alcanzó significativos avances en el período guzmancista cuando fue editada, bajo la dirección de José Félix Blanco, y la colaboración de Ramón Azpúrua, la *Colección de Documentos para la historia de la vida pública del Libertador de Colombia*. Se trató de una obra colosal en la que se incluyó información no solo de Venezuela sino también de otros países latinoamericanos.

Asimismo debemos resaltar la responsabilidad asumida por Daniel Florencio O'Leary al conservar buena parte del archivo de Simón Bolívar, al que luego añadió documentos que pertenecieron a otros integrantes del ejército libertador. Ese archivo fue cedido por los herederos

---

[1]   Cristóbal Mendoza, "Prefacio a la Colección de Documentos relativa a la vida pública del Libertador", en *Testimonios de la época emancipadora*, Academia Nacional de la Historia, Caracas, 1959, pp. 134-135.

de O'Leary al Estado venezolano, siendo presidente de la República Antonio Guzmán Blanco. Su publicación en 34 volúmenes fue efectuada en 1981.

LOS FONDOS DOCUMENTALES COMO BASE DE LA INVESTIGACIÓN HISTÓRICA

En el transcurso del siglo XX se han concretado en Venezuela significativos adelantos en el desarrollo de fondos documentales, materiales básicos para los investigadores en su constante afán por asignar a la Historia su condición de disciplina científica. Los mismos están concebidos como la organización sistemática de las fuentes de acuerdo a reglas y procedimientos propios del método crítico, con la finalidad de que los historiadores dispongan de herramientas confiables para la realización de estudios analíticos e interpretativos.

En opinión de Marc Bloch, esos recursos son vitales para la tarea del historiador si se toman en cuenta las dificultades existentes para reunir los documentos indispensables para las pesquisas. Asimismo, la diversidad de fuentes y sus singularidades requieren de un tratamiento crítico previo, el cual debe ser ejecutado por especialistas en determinadas áreas.[2] En el caso de Venezuela, los historiadores se ven obligados a confrontar multitud de obstáculos debido a la destrucción a que fueron sometidos muchos archivos durante las contiendas del siglo XIX, a lo que se han sumado como agravante acciones vandálicas y saqueos que lamentablemente han ocasionado la destrucción de algunos repositorios.

Germán Carrera Damas, en su ensayo sobre el estudio de la historia, se refiere con preocupación al exiguo desarrollo de un patrimonio documental en Venezuela, que debe ser entendido no como simple acopio de fuentes, ya que exige un trabajo de "clasificación crítica, de depuración metódica, y de preparación de instrumental técnico" con la intención de impulsar la investigación histórica desde una perspectiva científica.[3]

---

[2] Marc Bloch, *Apología de la Historia o el oficio de historiador*, Fondo Editorial Lola de Fuenmayor/ Fondo Editorial Buría, Caracas-Barquisimeto, 1986, p. 98.

[3] Germán Carrera Damas, *Metodología y estudio de la historia*, Monte Ávila Editores, Caracas, 1980, p. 172.

A mediados del siglo XX se manifestó creciente interés por el progreso del acervo documental venezolano. En este contexto, Manuel Pérez Vila llevó a cabo una fecunda labor mediante la clasificación, entre 1954 y 1955, de todos los legajos ubicados en la Casa Natal del Libertador.[4] Se trató de un invalorable esfuerzo por organizar de modo sistemático las fuentes relacionadas con la vida y trayectoria de Simón Bolívar.

Ramón J. Velásquez propuso en 1960 la publicación de una colección consagrada a recoger el testimonio de los principales exponentes del pensamiento político venezolano del siglo XIX. Manuel Pérez Vila y Pedro Grases fueron encargados oficialmente para asumir tal responsabilidad a través de la recopilación, ordenación e interpretación de los documentos. Así nació la serie *Pensamiento Político del siglo XIX*, publicada en 15 tomos por la Presidencia de la República entre 1960 y 1962,[5] la cual fue el resultado del paciente estudio de la prensa, folletos y hojas sueltas para identificar los insumos primordiales destinados a desentrañar los grandes temas de discusión del siglo XIX. En esta obra se perfila ya la inclinación por seleccionar materias que trascienden el ámbito político y están más conectadas con asuntos concernientes a la Hacienda pública, a las numerosas controversias derivadas de la aprobación de las leyes de crédito y las dificultades que debía atravesar la agricultura venezolana, castigada de manera reiterada por los efectos de las crisis cíclicas mundiales, los enfrentamientos bélicos y las contingencias naturales.

TOMÁS ENRIQUE CARRILLO BATALLA Y EL DESARROLLO DE LA HISTORIA ECONÓMICA

Con un doctorado en Ciencias Económicas y otro en el campo de las Ciencias Políticas, el doctor Carrillo Batalla se inició en la docencia y en la investigación en la Universidad Central de Venezuela. En

---

[4]   Astrid Avendaño, "Manuel Pérez Vila", *Diccionario de Historia de Venezuela*, Fundación Polar, Caracas, 1997. Tomo 3, p. 582.

[5]   Ramón J. Velásquez: "Prologo", en Pedro Grases y Manuel Pérez Vila: *Política y políticos del siglo XIX venezolano*. Ediciones del Colegio Universitario Francisco de Miranda, Caracas, 1978, pp. 9-10.

tiempos difíciles para la República, entre 1960 y 1961, ocupó la cartera de Hacienda intentando conjurar la grave crisis fiscal de aquellos años con la aplicación de políticas públicas dirigidas a reanimar la economía nacional. A su criterio era imperioso adoptar un Plan de Recuperación Económica en el que subrayó el papel de las obras públicas como motor para la reactivación industrial mediante cuantiosas inversiones de capital, que fueron catalogadas como un factor esencial para la creación de empleo productivo. Poco después, escribió *Crisis y administración fiscal* (1964), importante contribución para comprender las vicisitudes de la Hacienda venezolana a comienzos de los años sesenta.

Posiblemente, el tránsito por el Ministerio de Hacienda estimuló su interés por recopilar la inestimable información contenida en las memorias de ese despacho, tan antiguo como la república misma, y facilitar así el acceso directo a esas valiosas fuentes. En 1969 se empezó a publicar la *Historia de las Finanzas Públicas en Venezuela,* cuya primera edición fue patrocinada por el Concejo Municipal del Distrito Federal. Tomás Enrique Carrillo Batalla estuvo a cargo de la compilación, ordenación y análisis de los documentos, y contó con la cooperación del reconocido historiador Pedro Grases, en calidad de coordinador del grupo de investigación. La obra fue concebida como un compendio de los mensajes, datos estadísticos, comunicaciones, leyes y decretos pertenecientes a las *Memorias* del Ministerio de Hacienda, clasificados en diversas secciones que agrupaban los temas doctrinales, legislativos y estadísticos. De esta manera se ampliaban las posibilidades de consultar estos volúmenes que, en sus versiones originales, ya estaban presentando signos de deterioro por su antigüedad, y que además se hallaban disponibles en escasos repositorios bibliográficos del país. Era evidente que, para explicar la evolución de las instituciones fiscales en Venezuela tras la independencia, se hacía indispensable contar con los testimonios procedentes de la Secretaría de Hacienda, creada en 1830, que se abocó a la reorganización de la estructura fiscal republicana con base en los principios económicos liberales.

El doctor Carrillo Batalla abrió la colección señalando los antecedentes históricos de la política fiscal desde las antiguas leyes tributarias de la Mesopotamia hasta llegar a las discusiones teóricas que se entablaron en Europa durante el siglo XVIII en torno a los asuntos financieros y a la incidencia de los impuestos en la vida económica, haciendo hincapié en el sistema tributario español de la etapa colonial.

Tras encaminar la publicación de las Memorias de Hacienda, comenzó a diseñar otra obra monumental: la recopilación del cuerpo legislativo venezolano, instrumento primordial para los historiadores de todas las especialidades. Siendo presidente de la Academia Nacional de Ciencias Políticas y Sociales, a la que había ingresado como individuo de número en 1972, impulsó la publicación del conjunto de leyes dictadas en Venezuela. Al respecto recalcó la trascendencia de analizar la esfera institucional de la República ya que la misma se configuraba en el punto de partida de todo estudio de carácter histórico:

> *En efecto, la historia de un país no se puede escribir si no se conocen sus instituciones, las cuales a su vez no son otra cosa que la expresión de las fuerzas sociales que las producen. Para aprehender las instituciones es necesario conocer las leyes que las rigieron, que las moldearon y que las sometieron a su imperio. A su vez, las leyes son el producto precisamente de esas fuerzas sociales que en una u otra forma se manifiestan en la vida de los pueblos. Por tanto, la Academia de Ciencias Políticas y Sociales ha estado en lo cierto al considerar que es fundamental para el cabal conocimiento de nuestra historia, que todas las normas jurídicas que nos han regido desde los orígenes de nuestra existencia como nación hasta el presente, sean conocidas y estén a la disposición de los investigadores tanto de las ciencias históricas en general, como de las ciencias jurídicas en particular, como de la economía, como de la sociología, como de todos los aspectos sociales y políticos del devenir histórico venezolano.[6]*

Estas reflexiones de Tomás Enrique Carrillo Batalla forman parte de la Introducción de la colección *Leyes y Decretos de Venezuela*, cuya publicación se inició en 1982. Precisamente, uno de los grandes problemas a que se enfrentaban los juristas era la ausencia de una compilación legislativa completa para la etapa republicana.

---

[6]   Tomás Enrique Carrillo Batalla, "Nota introductoria", en *Leyes y Decretos de Venezuela*, Academia de Ciencias Políticas y Sociales, Caracas, 1982, Tomo I, p. X.

Además del período republicano, cuya relevancia es indudable, la Academia aprobó la publicación de otros repertorios. En primer lugar, se encuentra la serie *Siglos Provinciales* que reproduce los *Cedularios* del siglo XVI, con un estudio preliminar elaborado por Enrique Otte.

La segunda serie se titula: *La Independencia,* con prólogo de Tomás Polanco Alcántara, que abarca el lapso 1810-1830 e incluye todas las normas jurídicas emanadas tanto del bando republicano como realista, además de dar cabida a la legislación aprobada desde la formación de la *República de Colombia* hasta su disolución en 1830, al erigirse Venezuela en una nación independiente.

La serie *República de Venezuela* representa un notable esfuerzo de búsqueda ya que se concentra en toda la obra legislativa llevada a cabo desde 1830. Particular atención ameritó el examen de la difícil situación fiscal en los tiempos en que prevalecieron las luchas entre caudillos por la supremacía regional o nacional, dado que los gastos militares solían consumir buena parte de los ingresos obtenidos en las aduanas que proporcionaban la mayor porción de las rentas públicas. El objetivo de estas colecciones consistía en aportar la documentación básica que serviría de materia prima para el posterior análisis de la dinámica económica nacional.

Otra muestra de su singular contribución al conocimiento de los aspectos medulares de la evolución fiscal venezolana se encuentra en la compilación *Historia del pensamiento rector de las finanzas públicas nacionales*. La edición fue realizada en 1983, en conmemoración del Bicentenario del Natalicio del Libertador Simón Bolívar. Sus cinco volúmenes comprenden los mensajes dirigidos, entre 1830 y 1980, por los ministros de Hacienda al Congreso nacional, todos ellos de gran valor para los historiadores que aspiran a reconstruir el desenvolvimiento de la Hacienda pública, tomando en cuenta la actuación de los titulares de ese despacho en cuyos mensajes anuales están contenidas las líneas directrices de las medidas económicas adoptadas durante sus respectivas gestiones.

Entre 1979 y 1984, Carrillo Batalla fue miembro de la Comisión de Finanzas y Contraloría de la Cámara de Diputados. También se integró a las actividades del Instituto de Investigaciones Económicas y Sociales de la Universidad Central de Venezuela. Ingresó como individuo de número a dos prestigiosas corporaciones científicas: la Academia

Nacional de Ciencias Económicas y la Academia Nacional de la Historia. En esta última institución, le correspondió ocupar en 1989 el sillón identificado con la letra V y su discurso de incorporación fue: "La evolución de la Historiografía de la antigüedad a nuestros días". Le precedieron figuras de la talla de Luis Level de Goda, Carlos F. Grisanti, Rufino Blanco Fombona, Ambrosio Perera y Nicolás Perazzo, todos ellos insignes numerarios que dejaron un excepcional legado a la historiografía venezolana.

Años de incansable trabajo consagró a la investigación sobre las *Cuentas Nacionales de Venezuela,* publicadas entre 2001 y 2003 en tres tomos que cubren los siguientes períodos: 1831-1873, 1874-1914 y 1915-1935. Esta serie incluye un extenso estudio sobre la problemática socioeconómica de aquellos años, complementado con datos estadísticos sobre población, consumo, precios, comercio exterior e inversión, entre otros temas. Esta colección, bajo la dirección de Tomás Enrique Carrillo Batalla, representa una herramienta esencial para economistas e historiadores.

En el año 2002 publicó *Hemerografía económica del siglo XIX* en dos tomos que engloban los procesos que arrancan en los años veinte y se prolongan hasta 1899, y en el que se ha logrado reunir abundante información, clasificada temáticamente y extraída de la diversidad de periódicos que circularon en aquella centuria. En la Introducción se afirma que esta obra pretende ser una "contribución al servicio de los investigadores, los cuales no tendrán que pasar por el penoso esfuerzo de ir a los archivos para remover papeles viejos, cuyo manejo puede deteriorarlos con mengua de la existencia misma de tan valiosa fuente".[7] El primer volumen está dedicado a la agricultura y asuntos vinculados a los conflictos derivados del préstamo de dinero y de las leyes que rigen esas transacciones. Se incluyen ensayos sobre la producción de tabaco y proyectos de leyes destinadas a la instalación de bancos de crédito hipotecario. En el segundo volumen se recogen artículos sobre población, inmigración, moneda, leyes de crédito, tendencias del comercio exterior y las ideas económicas predominantes en el siglo XIX. Especial atención se dirige a la constante preocupación de los gobiernos por

---

[7]   Tomás Enrique Carrillo Batalla, "Introducción", en *Hemerografía económica del siglo XIX,* Academia Nacional de la Historia, Caracas, 2002, p. 11.

promover la inmigración europea y sentar las bases de proyectos de colonización para incrementar la producción y la exportación de los productos agrícolas, riqueza fundamental para la Venezuela decimonónica, así como también para fomentar la introducción de capitales extranjeros que habrían de favorecer el progreso de la nación.

En cuanto a la publicación de artículos procedentes de la prensa, es conveniente resaltar su importancia por constituir una vía de aproximación muy directa a las principales cuestiones atinentes a la dinámica económica en sus múltiples aristas, desde los datos relativos a precios, el movimiento portuario, la producción y las ventas de propiedades, elementos que revelan el valor de las noticias proporcionadas por los periódicos. A ello se agregan los editoriales, generalmente focalizados en temas específicos que reflejan la problemática más acuciante de la economía. Es muy frecuente la publicación de documentos suscritos por agricultores o comerciantes solicitando determinadas medidas, o bien expresando su cuestionamiento a algunas reformas legislativas. La prensa tiene la virtud de registrar el devenir cotidiano y dar a conocer el pulso de la vida económica, social y política. Si bien los distintos periódicos suelen estar embanderados en determinadas corrientes políticas, es posible depurar esa información contrastando su contenido con otras fuentes coetáneas con el fin de evaluar con mayor propiedad la veracidad de los datos suministrados.

Acerca del gran valor de esta colección de artículos extraídos de los distintos periódicos de esa centuria, D. F. Maza Zavala comentó que se trata de una serie que "permite abreviar el trabajo de investigación de quienes sigan el camino de la historia y les ahorra muchas jornadas ímprobas de exploración en archivos, bibliotecas, hemerotecas" y otros repositorios documentales.[8]

La Academia Nacional de Ciencias Económicas creó a inicios de la última década del siglo XX la *colección Historia del Pensamiento Económico Venezolano* bajo la coordinación de Tomás Enrique Carrillo Batalla. Describiremos brevemente a continuación los principales aspectos reseñados en algunos de los títulos pertenecientes a esa colección.

---

[8] D. F. Maza Zavala, "La obra económica de Tomás Enrique Carrillo Batalla" en Asdrúbal Grillet Correa, *Homenaje a Tomás Enrique Carrillo Batalla,* Universidad Central de Venezuela, Caracas, 2009, p. 1.052.

Análisis y ordenación de la obra económica de Arturo Uslar Pietri (cuatro tomos y un anexo). Este distinguido intelectual venezolano se ocupó de una temática muy diversa: la evolución de la economía como disciplina científica, la historia de la moneda en Venezuela, el problema de la industrialización, la empresa agraria, la inmigración, el papel del Estado en la economía, entre muchos otros tópicos. En relación con la enseñanza de la economía, es menester destacar su decisivo papel en la creación de la Escuela Libre de Ciencias Económicas y Sociales, junto a José Joaquín González Gorrondona, Tito Gutiérrez Alfaro y José Manuel Hernández Ron. La fundación de la Escuela tuvo lugar el 28 de octubre de 1938 mediante un acto solemne en el que Arturo Uslar Pietri pronunció el discurso de orden exaltando la trascendencia del estudio metódico de la disciplina económica en Venezuela.

Un aporte significativo a la interpretación de las ideas económicas del siglo XIX está constituido por *El pensamiento económico de Santos Michelena,* en cuatro tomos. En el primero se expone un acucioso examen sobre la actuación de esta sobresaliente figura que formó parte del primer gabinete ministerial del general José Antonio Páez en 1830. Los otros tres tomos contienen la recopilación de los escritos económicos del Secretario de Hacienda y Relaciones Exteriores. Sus conceptos estaban en concordancia con los lineamientos de la corriente liberal desde la perspectiva económica, que se han expresado en el caso de Venezuela en la adopción de un conjunto de medidas que incorporaron ciertos rasgos de modernización en la Hacienda pública. En ese contexto fueron eliminados tributos provenientes de los tiempos coloniales, como la alcabala y el diezmo, además de la abolición del Estanco del Tabaco que consistía en el monopolio del Estado en la producción y comercialización de ese producto. Bajo la misma concepción fue aprobada la controvertida Ley de Libertad de Contratos (1834) y la Ley de Espera y Quita (1841) que estaban orientadas a liberalizar las condiciones en las transacciones por préstamos de dinero, en un todo de acuerdo a los intereses de los acreedores. Santos Michelena fue el encargado de acordar con el ministro neogranadino Lino de Pombo la distribución de los compromisos adquiridos en materia de deuda externa entre Venezuela, Nueva Granada y Ecuador. También Michelena tuvo un rol fundamental en la firma de tratados de amistad, comercio y navegación con varias naciones europeas y con los Estados Unidos. No podemos dejar de mencionar que su trágica desaparición se produjo a raíz de los infortunados acontecimientos que se suscitaron en el seno del Congreso nacional el 24 de enero de 1848.

El pensamiento económico de Francisco Aranda (4 tomos) representa el resultado del tenaz empeño del doctor Carrillo Batalla por escudriñar en las ideas sostenidas en el transcurso de las primeras décadas de la República. Se trata de un notable personaje que desempeñó el cargo de Secretario de Hacienda durante el segundo mandato presidencial de José Antonio Páez y el de Carlos Soublette. Acerca de Francisco Aranda es conveniente puntualizar que su línea de pensamiento contrastaba con el liberalismo de Santos Michelena, ya que en reiteradas oportunidades se pronunció por la necesidad de que el Estado ejerciera cierto grado de intervención económica. Ello quedó bien claro con su intento de buscar mecanismos para auxiliar a la abatida agricultura. A tal efecto, redactó a fines de 1844 el proyecto del Instituto de Crédito Territorial, cuyo objetivo central consistía en la provisión de préstamos con plazos de hasta 20 años e intereses del 6% anual, garantizados por medio de la hipoteca de las propiedades urbanas o rurales de los beneficiarios. Después de largas discusiones, el proyecto fue aprobado en 1845 por ambas cámaras del Congreso. Sin embargo, la posición sostenida por el Poder Ejecutivo fue contundente al rechazar la propuesta, bajo la argumentación de que el instituto estaría garantizado por la Nación y, por tanto, las eventuales pérdidas recaerían sobre el Tesoro público, mientras que el beneficio quedaría limitado a un grupo privilegiado de propietarios.

El doctor Carrillo Batalla prosiguió sus constantes pesquisas en torno a la evolución de los postulados económicos prevalecientes en el siglo XIX. Nació así la publicación de *El pensamiento económico de Cecilio Acosta,* en cuatro tomos, figura descollante en el debate político de la Venezuela decimonónica, cuyas reflexiones difícilmente pueden encuadrarse en los esquemas ideológicos del Partido Liberal o de la corriente conservadora. Expresó en diversas ocasiones su disposición a que se dictaran medidas en favor de la mejora de las condiciones de vida de las "clases pobres" y la materialización del bien público. Para la protección de los obreros recomendaba el establecimiento de asociaciones mutuales para garantizar la responsabilidad solidaria de sus miembros. Además de su análisis político y jurídico, en sus escritos abordó también variados temas económicos, entre ellos: la protección aduanera, los costos de producción en la agricultura, la enseñanza de artes y oficios y el fomento de la inmigración. Son famosas las palabras de José Martí sobre Cecilio Acosta tras su fallecimiento en 1881: "Y cuando él alzó el vuelo / tenía limpias las alas", exaltando así su probidad e intachable conducta.

En 1990 se cumplieron los doscientos años del natalicio de José Antonio Páez, ocasión propicia para editar en seis tomos una indispensable recopilación: *Leyes económicas de la República Aristocrática. Régimen del general José Antonio Páez 1830-1848*. El contenido de esta obra es descrito de manera pormenorizada por Isbelia Sequera Tamayo, Individuo de Número de la Academia Nacional de Ciencias Económicas. En el primer tomo se expone el análisis de la estructura económica y social con énfasis en la administración fiscal y en la trayectoria de la Hacienda pública. El tomo II "reúne las leyes de presupuesto, como resoluciones o decretos, que cubren los períodos anuales comprendidos entre 1831-1832 hasta 1841-1842. Y que se continúan en el tomo III hasta el año 1847-1848". Lo relativo a la legislación sobre deuda y crédito público está incluido en el tomo IV. En el volumen siguiente se insertan los asuntos vinculados con los procesos de importación, exportación y actividades portuarias, además de las leyes sobre administración de la Hacienda, moneda y banca. Finalmente, el tomo VI se concentra en la legislación sobre inmigración, resguardos indígenas y tierras baldías, transporte y comunicaciones y las relaciones internacionales de Venezuela.[9]

Una contribución especial está representada por la colección *La reforma del sistema fiscal venezolano* que recoge los trabajos de investigación realizados durante varios años por la Comisión de Estudios y Reforma Fiscal, dirigida por Tomás Enrique Carrillo Batalla, cuyo objetivo consistía en la consideración de la problemática fiscal del país que, tal como lo indica Isbelia Sequera, se caracterizó desde los años setenta del siglo XX "por un elevado crecimiento del gasto y de la deuda

---

[9]   Isbelia Sequera Tamayo, "Tomás Enrique Carrillo Batalla", en *Homenaje a Tomás Enrique Carrillo Batalla,* Universidad Central de Venezuela, Caracas, 2009, tomo II, pp. 1594-1595.

pública, así como por deficiencias administrativas en la programación y ejecución presupuestaria, y también en el control fiscal".[10]

El pensamiento económico de Juan Pablo Rojas Paúl (4 tomos) permite que los investigadores se aproximen al conocimiento de los eventos ocurridos en el transcurso de un mandato presidencial que reviste gran trascendencia por marcar la conclusión de la hegemonía de Antonio Guzmán Blanco. Durante el Bienio de Rojas Paúl (1888-1890) se fortalecieron y consolidaron las fuerzas políticas contrarias a las prácticas autocráticas del guzmancismo y, en términos económicos, se registró una buena situación de la agricultura exportadora gracias a las favorables condiciones del mercado internacional. No obstante ello, continuaba en pie el clamor de los productores por la instalación de institutos de crédito territorial orientados a canalizar auxilios monetarios hacia las empresas agrícolas. El ministro de Fomento Vicente Coronado dictó en 1888 una resolución por la que se disponía "constituir una comisión preparatoria de una Junta de Agricultura" con la finalidad de estudiar los medios más idóneos para respaldar a la agricultura, catalogada como la base de la riqueza nacional.[11]

A través de la lectura de *El pensamiento económico-jurídico administrativo de Francisco Pimentel y Roth* se puede acceder a valiosa información sobre la obra llevada a cabo por este experto en temas jurídicos. Fue titular del Ministerio de Crédito Público, que había sido fundado en 1864, en coincidencia con la contratación del empréstito por 1.500.000 libras esterlinas, tramitación efectuada en Londres por Antonio Guzmán Blanco. Pimentel y Roth se desempeñó en la cartera de Crédito Público a inicios del Septenio guzmancista. En 1873 publicó una compilación de textos titulada: *Resumen cronológico de las leyes y decretos de crédito público en Venezuela,* acompañado de una relación de las cuentas fiscales entre 1826 y 1872, y de los contratos y operaciones asociadas al crédito público.

Tomás Enrique Carrillo Batalla presidió la Fundación Alberto Adriani, establecida en 1991 y adscrita a la Academia Nacional de Ciencias Económicas, en la que reposan los manuscritos pertenecientes

---

[10] *Ibídem,* p. 1595.
[11] Carlos Julio Tavera Marcano, *El gobierno civil de Juan Pablo Rojas Paúl y el guzmancismo 1888-1890,* Imprenta Universitaria-UCV, Caracas, 2004, pp. 261-265.

a este insigne venezolano en los que puede rastrearse todo su proceso de formación en Europa, los apuntes de sus múltiples y variadas lecturas, así como anotaciones que serían la base de sus futuros artículos. Había realizado estudios doctorales en la Universidad de Ginebra y luego en Londres. Este notable personaje, junto a otros especialistas, tuvo un papel primordial en la formulación del Programa de Febrero de 1936, compendio de un amplio proyecto de transformación económica y social. Uno de los propósitos del plan estaba consagrado a la lucha contra el analfabetismo y a la mejora de la educación desde los jardines de infancia hasta el nivel universitario. Adriani advirtió que la modernización no sería posible si no se contaba con los recursos humanos apropiados, por lo que en el Programa de Febrero se proyectó de manera clara y precisa la reorganización de las universidades mediante la creación de facultades de ciencias económicas y sociales. Ocupó por corto tiempo el Ministerio de Agricultura y Cría, recién instalado en 1936, y luego ejerció funciones en el Ministerio de Hacienda con miras a propiciar su reestructuración. Aunque su participación en la administración pública fue fugaz –falleció en agosto de 1936- dejó huellas imborrables en la nueva orientación de la acción del Estado en la economía.

A través de esta breve reseña sobre la extensa obra de Tomás Enrique Carrillo Batalla, hemos intentado identificar los aportes de mayor relevancia que nos ha brindado este insigne trujillano que se caracterizó por su gran talento, vasta cultura y una capacidad de trabajo y disciplina sorprendentes para concretar la publicación de los repertorios documentales de mayor envergadura en Venezuela, los cuales representan un invalorable apoyo a la investigación en Historia Económica.

PALABRAS DE UN ENTRAÑABLE AMIGO

Para finalizar, transcribimos las palabras del reconocido economista Domingo Felipe Maza Zavala, con las que subraya la extraordinaria obra de su entrañable amigo Tomás Enrique Carrillo Batalla, y exalta su afán por enriquecer el acervo documental en materia económica. Este testimonio forma parte del *Libro Homenaje* dedicado al doctor Carrillo Batalla, cuya publicación fue acordada conjuntamente por la Facultad de Ciencias Económicas y Sociales y la Facultad de Ciencias Jurídicas y Políticas de la Universidad Central de Venezuela. La coordinación del libro, que consta de dos voluminosos tomos, fue encomendada al economista Asdrúbal Grillet Correa.

He aquí algunos de los conceptos del doctor Maza Zavala:

La impresión que recibe quien conozca la extensa bibliografía que constituye la obra del Dr. Tomás Enrique Carrillo Batalla, en las disciplinas del derecho, de la economía, de las finanzas, de la historia y de la política, es que se trata de un investigador a tiempo completo, enteramente dedicado a esta labor científica, porque no hay otra manera de entender su dedicación y su fruto, la continuidad de su esfuerzo intelectual, la acuciosidad de su tarea, la rigurosidad de su método, la sistematización de sus obras parecen responder a un plan de largo plazo. Su triple vocación profesional de jurista, economista e historiador, se manifiesta equilibradamente, en la integración de su pensamiento; son disciplinas del saber que, conservando su individualidad, se interrelacionan, con muchos puntos de contacto y temas y objetivos compartidos.

No obstante, el Dr. Tomás Enrique Carrillo Batalla distribuye su tiempo –y esto ha sido una constante de su vida- entre múltiples actividades, ocupaciones y preocupaciones públicas, profesionales, institucionales, académicas, culturales, universitarias, sin dejar de atender obligaciones familiares, sociales y de amistad. El secreto de tan elevada productividad es, quizá, el método que aplica en su quehacer, la disciplina del tiempo y del esfuerzo, la constancia y, por supuesto, la aptitud para el trabajo creador, el aprendizaje como preparación para la investigación, la reflexión en momentos de serenidad, el manejo de los instrumentos, de los procedimientos que los adelantos tecnológicos han puesto a disposición de los profesionales y estudiosos para facilitarles su tarea y economizar su esfuerzo. Lo cierto es que se ha formado un acervo bibliográfico envidiable gracias a su empeño, que enriquece las bibliotecas venezolanas y extranjeras y abre camino, estimula y abrevia la empresa de los investigadores del presente y del futuro.[12]

---

[12] D. F. Maza Zavala, *ob.cit.,* pp. 1.049-1.050.

Bibliografía

ADRIANI, Alberto, *Labor Venezolanista. Venezuela, la crisis y los cambios,* Academia Nacional de Ciencias Económicas, Caracas, 1989.

AVENDAÑO, Astrid, "Manuel Pérez Vila" en *Diccionario de Historia de Venezuela,* Fundación Polar, Caracas, 1997, tomo 3.

BLOCH, Marc, *Apología de la Historia o el oficio de historiador*, Fondo Editorial Lola de Fuenmayor/ Fondo Editorial Buría, Caracas-Barquisimeto, 1986.

CARRERA DAMAS, Germán, *Metodología y estudio de la historia,* Monte Ávila Editores, Caracas, 1980.

GRASES, Pedro y Manuel PÉREZ VILA, *Política y políticos del siglo XIX venezolano,* Ediciones del Colegio Universitario Francisco de Miranda, Caracas, 1978.

MAZA ZAVALA, Domingo Felipe, "La obra económica de Tomás Enrique Carrillo Batalla", en Asdrúbal GRILLET CORREA, *Homenaje a Tomás Enrique Carrillo Batalla,* Universidad Central de Venezuela, Caracas, 2009.

MENDOZA, Cristóbal, "Prefacio a la Colección de Documentos relativa a la vida pública del Libertador", *Testimonios de la época emancipadora*, Academia Nacional de la Historia, Caracas, 1959.

O'LEARY, Daniel Florencio, *Memorias del general O'Leary,* Ministerio de la Defensa, Barcelona (España), 1981.

SEQUERA TAMAYO, Isbelia, "Tomás Enrique Carrillo Batalla", en Asdrúbal GRILLET CORREA (Coord.), *Homenaje a Tomás Enrique Carrillo Batalla,* Universidad Central de Venezuela, Caracas, 2009.

TAVERA MARCANO, Carlos Julio, *El gobierno civil de Juan Pablo Rojas Paúl 1888-1890,* Imprenta Universitaria-UCV, Caracas, 2004.

VELÁSQUEZ, RAMÓN J. (Coord.), *Pensamiento político venezolano del Siglo XIX. Textos para su estudio*, Ediciones de la Presidencia de la República, Caracas, 1962.

SELECCIÓN DE OBRAS PUBLICADAS POR
TOMÁS ENRIQUE CARRILLO BATALLA

El proceso presupuestario venezolano, Ediciones del Concejo Municipal Distrito Federal, Caracas, 1961.

El presupuesto soviético como instrumento de planificación y desarrollo económico, Universidad Central de Venezuela, Caracas, 1962.

La economía del comercio internacional de Venezuela, Editorial Mundo Económico, Caracas, 1962.

El desarrollo del sector manufacturero, industrial de la economía venezolana, Universidad Central de Venezuela, Caracas, 1962.

Desarrollo económico de Venezuela, Universidad Central de Venezuela, Caracas, 1963.

Crisis y administración fiscal, Universidad Central de Venezuela, Caracas, 1964.

1964 *Moneda, crédito y banca,* Banco Central de Venezuela, Caracas, 1964.

La inversión del ingreso fiscal petrolero y el desarrollo económico nacional, El Cojo, Caracas, 1966.

Población y desarrollo económico, Banco Central de Venezuela, Caracas, 1967.

Historia de las finanzas públicas, Academia Nacional de la Historia, Caracas, 1969.

Introducción a las finanzas públicas y anotaciones sobre la reforma fiscal, Universidad Central de Venezuela, Caracas, 1973.

Historia crítica de la teoría de las fluctuaciones económicas y análisis del caso venezolano, Banco Central de Venezuela, Caracas, 1981.

La distribución del ingreso en Venezuela: análisis crítico de una obra de la Dra. Lourdes de Ferrán, Academia Nacional de Ciencias Políticas y Sociales, Caracas, 1982.

Leyes y Decretos de Venezuela, Academia Nacional de Ciencias Políticas y Sociales, Caracas, 1982.

Problemas del crédito agropecuario en Venezuela, Academia Nacional de Ciencias Políticas y Sociales, Caracas, 1983.

Historia del pensamiento rector de las finanzas públicas, Academia Nacional de Ciencias Políticas y Sociales, Caracas, 1983.

Bolívar en la historia del pensamiento económico fiscal, Academia Nacional de la Historia, Caracas, 1984.

La reforma del sistema fiscal venezolano, Comisión de Estudios y Reforma Fiscal, Caracas, 1986.

Legislación económica y fiscal del régimen de Simón Bolívar, Academia Nacional de Ciencias Económicas, Caracas, 1986.

Análisis y ordenamiento de la obra económica de Arturo Uslar Pietri, Academia Nacional de Ciencias Económicas, Caracas, 1991.

El pensamiento económico de Cecilio Acosta, Academia Nacional de Ciencias Económicas, Caracas, 1993.

El pensamiento económico de Santos Michelena, Academia Nacional de Ciencias Económicas, Caracas, 1993.

Leyes económicas de la República Aristocrática. Régimen del general José Antonio Páez 1830-1848, Academia Nacional de Ciencias Económicas, Caracas, 1995.

El pensamiento económico de Juan Pablo Rojas Paúl, Academia Nacional de Ciencias Económicas, Caracas, 1998.

El pensamiento económico-jurídico administrativo de Francisco Pimentel y Roth, Academia Nacional de Ciencias Económicas, Caracas, 1999.

Hemerografía económica del siglo XIX, Academia Nacional de la Historia, Caracas, 2002.

Cuentas Nacionales de Venezuela, Banco Central de Venezuela, Caracas, 2003.

El régimen del general Eleazar López Contreras, Academia Nacional de la Historia, Caracas, 2008.

"Homenaje de las academias nacionales a Arturo Uslar Pietri en el centenario de su nacimiento" en *La Escuela de Economía de la UCV. Una trayectoria de 70 años,* Facultad de Ciencias Económicas y Sociales, Universidad Central de Venezuela, Caracas, 2008.

LA CONTRIBUCIÓN INDIGENISTA DEL DR. TOMÁS ENRIQUE CARRILLO BATALLA

HORACIO BIORD CASTILLO*

Tomas Enrique Carrillo Batalla y Agatha Lucas de Carrillo Batalla.

* Caracas, 1961. Licenciado en Letras. Magíster en Historia de las Américas. Doctor en Historia. Investigador del Centro de Antropología del Instituto Venezolano de Investigaciones Científicas. Profesor de la Universidad Católica Andrés Bello. Sus intereses de investigación abarcan la etnohistoria, etnicidad, sociolingüística y estudios literarios. Individuo de número de la Academia Venezolana de la Lengua y de la Academia de la Historia del Estado Miranda. Poeta, narrador y ensayista.

INTRODUCCIÓN

La obra del doctor Tomás Enrique Carrillo Batalla (1921-2015) constituye un caso muy particular de conjugación de conocimientos derivados de disciplinas académicas afines dentro de las ciencias sociales. A partir de sus intereses de investigación en los campos de la economía, el derecho y la historia hizo, entre otros estudios, importantes revisiones del pensamiento económico de varios de los más grandes intelectuales venezolanos del siglo XIX. Destacan sus estudios sobre Fermín Toro y Cecilio Acosta y figuras de tanta relevancia en nuestra historia decimonónica como Francisco Aranda, Santos Michelena, Pedro José Rojas y Juan Pablo Rojas Paúl. Asimismo analizó el pensamiento económico de Simón Bolívar y las ideas en materia económica de Arturo Uslar Pietri, uno de los más insignes pensadores venezolanos del siglo XX.

Esa curiosidad intelectual llevó también al Dr. Carrillo Batalla a interesarse por temas humanísticos como lo demuestran sus trabajos *La expresión literaria y el estilo de Tucídides en la historia de la lengua griega*, publicado en 1999, y *El pensamiento de Cecilio Acosta sobre la historia de la lengua castellana*, aparecido en 2000.

Su obra lo hizo merecedor de diversos reconocimientos, entre ellos el de pertenecer como individuo de número a la Academia de Ciencias Políticas y Sociales, a la Academia Nacional de Ciencias Económicas, de la cual fue presidente fundador, y a la Academia Nacional de la Historia.

Las contribuciones del Dr. Carrillo Batalla lo acercan a una perspectiva humanística que cobra cada vez mayor relevancia. Asistimos, en efecto, a lo que puede ser descrito como una contraposición entre fuerzas centrífugas, por un lado, que buscan establecer vallas y límites, infranqueables casi, entre disciplinas afines, cuyo fin último es estudiar y explicar las complejidades de los seres humanos y su interacción social, y, por el lado contrario, fuerzas centrípetas que a veces parecen menos fuertes, pero cada vez más necesarias, para integrar las visiones del ser humano en sociedad. Solo así, con una visión sistémica y transversal, se puede alcanzar una comprensión más adecuada, armónica e integral de la complejidad humana enriquecida, a su vez, por la diversidad cultural.

Partiendo de estas ideas, en este trabajo revisamos la contribución indigenista del Dr. Tomás Enrique Carrillo Batalla en el contexto de una visión integral e integradora de los hechos sociales.

HUMANISMO, COMPLEJIDAD SOCIAL E INDIGENISMO

Una perspectiva humanística facilita abordar la complejidad social y las múltiples interacciones humanas desde un punto de vista integral frente a la tendencia a separar y fragmentar. Este aspecto, en particular, reviste una gran trascendencia si se considera que cada vez contamos con un mayor número de evidencias sobre la relación tan estrecha entre biodiversidad y socio y linguodiversidad. En otras palabras, aquellas regiones donde se ha logrado conservar mayores márgenes de diversidad biológica están habitados, a su vez, por grupos sociales que representan una fuerte diversidad social y lingüística. Diversidad biológica y diversidad sociocultural se suponen mutuamente. Ello reviste una gran importancia, pues así como se ha logrado establecer esa correlación también se sabe que la pérdida de diversidad biológica y con ello recursos naturales más variados y ricos, menos amenazas ambientales y, a fin de cuentas, un mayor bienestar para la especie humana están asociados a modos de vida con tecnologías menos dañinas y modos de aprovechamiento más sostenibles, a actividades más extensivas y menos intensivas.

Estos asertos hasta hace unos años sonaban a consignas propagandísticas y casi a una teoría de la conspiración, sin embargo el avance devastador y cada vez más acelerado de los efectos del cambio climático antropogénico ha hecho mirar de nuevo los temas relacionados tanto con los modos de vida dependientes del llamado "desarrollo convencional" como con la sociodiversidad. En relación a esta última ha sido necesario revisitar sus abordajes y constituirla en un objeto privilegiado no solo de la mirada analítica sino también de la elaboración de políticas públicas y legislaciones protectoras por parte de gobiernos y organizaciones intergubernamentales.

En este contexto, las poblaciones indígenas y comunidades locales han ido adquiriendo una mayor visibilidad social y su estudio un respeto también más grande en los ámbitos académicos. En virtud de ello llama la atención el interés del Dr. Carrillo Batalla, expresado en el libro *Aproximación a la cultura literaria y científica de los aborígenes americanos*, publicado en 2002, ya entrado su autor a una edad octogenaria y después de haber desarrollado una amplia labor en sus especialidades primarias que le granjearon un sólido prestigio y un profuso reconocimiento como lo evidencian sus libros y artículos y los honores recibidos, entre ellos su pertenencia a tres de las más prestigiosas academias venezolanas.

Tomando la publicación del mencionado libro del Dr. Carrillo Batalla como un jalón o marca en la carrera del autor, podemos interpretar que el erudito ha concluido el proceso, probablemente iniciado mucho antes, de concienciar la importancia de las sociedades amerindias y su proyección, como lo sugiere el título mismo. Un aspecto no menor de su abordaje es la consideración de los aborígenes venezolanos en ese conjunto y no solo de aquellas sociedades que en algunos esquemas interpretativos se llamaron "las altas culturas", como las mesoamericanas y andinas, tendencia bastante común en aproximaciones y valoraciones de pensadores venezolanos a lo largo del siglo XX.

El libro *Aproximación a la cultura literaria y científica de los aborígenes americanos* se divide en cuatro partes:

1ª parte titulada: "Conquista europea y destrucción de la cultura aborigen", en la que no solo se hacen planteamientos de carácter histórico, sino también ético, pero sin caer en una visión anacrónica de juzgar conductas del pasado con los parámetros de la actualidad;

2ª parte titulada: "La civilización y cultura de los aborígenes americanos antes de la llegada del primer viaje del Almirante de la Mar Océano", sección en la que presta especial atención a las civilizaciones mesoamericana y andina;

3ª parte titulada: "La poesía y literatura de los aborígenes precolombinos". Esta es la sección más extensa del libro y en ella su autor glosa diversas leyendas y relatos de indígenas de Mesoamérica, los Andes, Norteamérica y Venezuela. En relación a las literaturas indígenas venezolanas, retomando las contribuciones de fray Cesáreo de Armellada y de Carmela Bentivenga de Napolitano, hace una revisión de muestras literarias de Venezuela. Allí asienta, sobre un aspecto muchas veces poco comprendido, que

Apreciaciones lingüísticas y literarias en las tribus o "naciones" indígenas venezolanas aparecieron en forma esporádica en algunos escritos de los viajeros y frailes de algunas de las congregaciones venidas en tiempos coloniales. Sin embargo, no pasaron de rápidos o pasajeros relatos sin la profundidad necesaria por lo cual nunca alcanzaron la sistemática envergadura de verdaderas investigaciones sobre la materia. Precisamente por la falta de este tipo de trabajos fue formándose la idea falsa de la general ausencia de vocación intelectual de nuestros aborígenes.

En los últimos 40 o 50 años [es decir, desde mediados del siglo XX], con la ayuda de métodos modernos de grabación de conversaciones en intercambios de la vida normal, así como en actos de tristeza ante la muerte de miembros de la comunidad o de la propia familia, o de alegría en celebraciones con danzas y cantares, ha ido surgiendo a la superficie la faz, hasta entonces ignorada, de nuestras etnias nativas (p. 53).

Tras analizar varias muestras literarias y reflexionar sobre su profundidad, marcos culturales y aportes a las literaturas, culturas e identidades venezolana, el Dr. Carrillo Batalla asienta que

> Los estudios sistemáticos y ordenados sobre las lenguas indígenas venezolanas, sobre la gramática, los alfabetos y los diversos géneros y figuras literarias, constituye[n] una interesante apertura, no sólo hacia el pasado de las etnias nativas, sino hacia su presente, su producción y vocación intelectual. Con ello se despeja y amplia [*sic*] el campo del trabajo lingüístico en Venezuela, concentrado hasta tiempos recientes en la literatura castellana, y en investigaciones sobre el castellano en Venezuela. Esta nueva área no debe interpretarse como razón para descuidar el lenguaje de "gabinete", como dice el padre Armellada. Ambos campos son propios y constituyen deberes de nuestras investigaciones lingüísticas (p. 60).

Es de subrayar la idea de la presencia activa y enriquecedora de los pueblos indígenas en la Venezuela actual y en el continente americano del siglo XXI mirando acaso hacia nuevas centurias, frente a percepciones erróneas de los indios y sus culturas como algo del pasado, ya superado y atrasado.

Finalmente asienta un valioso comentario sobre la oralidad (sea en el campo de la literatura, la historia, las tradiciones y los análisis sociales, en general) que aún no termina de convencer a muchos estudiosos, pese a su innegable importancia y utilidad. Esto último lo subraya el Dr. Carrillo Batalla al afirmar:

> Las nuevas concepciones y prácticas de la literatura oral al lado de la escrita, el uso de la electrónica y la computación, constituyen instrumentos no reconocidos por los investigadores del pasado histórico. Su uso actual representa una revolución: la cual tiene por fuerza que impulsar los estudios lingüísticos en la Venezuela del presente (p. 60).

<u>4ª parte titulada</u>: "La tecnología y ciencia aborigen americana y sus efectos sobre el desarrollo del mundo europeo", con tres partes (una

innominada) y otras dos tituladas "La tecnología agrícola" y "La arquitectura nativa". Constituye un acierto entender la bidireccionalidad del proceso de contacto entre indígenas y europeos y evitar las visiones maniqueas y reduccionistas. Después del encuentro de finales del siglo XV y principios del XVI fue otra la historia del mundo, y no solo de América y Europa, dos viejos mundos que se miraban y en parte aún se perciben recíprocamente como "nuevos" y "extraños". El encuentro de ambos mundos generó un *antes* y un *después*. El Dr. Carrillo Batalla, revisando las contribuciones de expertos en el tema, se detiene en los cultígenos americanos así como en el modo de sembrar de muchas sociedades aborígenes conocido como policultivo y en Venezuela "conuco", con grandes beneficios ecológicos, entre otros evitar el desgaste permanente de los nutrientes, la erosión y la proliferación de plagas.

CONSIDERACIÓN FINAL

Mirar con mirada fresca y renovada, ya en la edad de la madurez y la calma, las realidades amerindias del presente que ayudan a explicar el pasado y, sobre todo, contribuyen a delinear y construir el futuro nos habla de una inteligencia aguda y de una cultivada formación, de un espíritu noble e inquieto. Esta conciencia de la importancia de los abordajes integradores y de las poblaciones indígenas y locales, interpretada como punto de llegada tras décadas de reflexión, es un elemento clave para calibrar el derrotero académico de un intelectual. Sirvan estas palabras de homenaje al Dr. Carrillo Batalla en la conmemoración del centenario de su nacimiento.

RECONOCIMIENTO

Agradezco al Dr. Humberto Romero-Muci, individuo de número de la Academia de Ciencias Políticas y Sociales y su director entre 2019 y 2021 y yerno del DR. Tomás Enrique Carrillo Batalla, su apoyo, orientación y ayuda bibliográfica, de imprescindible utilidad en los días de cuarentena por la pandemia mundial.

Referencias

CARRILLO, BATALLA, Tomás Enrique. 1999. *La expresión literaria y el estilo de Tucídides en la historia de la lengua griega*. Caracas: Universidad Central de Venezuela, Ediciones del Rectorado.

CARRILLO, BATALLA, Tomás Enrique. 2000. *El pensamiento de Cecilio Acosta sobre la historia de la lengua castellana*. Los Teques: Biblioteca de Autores y Temas Mirandinos (N° 77).

CARRILLO BATALLA, Tomás Enrique. 2002. *Aproximación a la cultura literaria y científica de los aborígenes americanos*. Caracas: Fundación para Investigaciones Económicas y Sociales.

HOMENAJE A
TOMÁS ENRIQUE CARRILLO BATALLA
EN EL CENTENARIO DE SU NACIMIENTO

DR. ARNOLDO JOSÉ GABALDÓN*

Tomas Enrique Carrillo Batalla. Ministro de Hacienda 1961.

---

*   Ingeniero Civil UCAB,1960. Individuo de Numero de las academias de Ciencias Físicas, Matemáticas y Naturales y Nacional de la Ingeniería y el Hábitat. Profesor Honorario de la Universidad Simón Bolívar (2001) y de la Universidad Bicentenario de Aragua (2008). Doctor Honoris Causa en Ingeniería de la Universidad Católica Andrés Bello (2017).

Agradezco mucho la invitación que me ha hecho la Academia de Ciencias Políticas y Sociales, a través de su presidente el Dr. Humberto Romero Mucci, para intervenir en este homenaje al Dr. Tomás Enrique Carrillo Batalla, a nombre de las academias de Ciencias Físicas Matemáticas y Naturales y de la Ingeniería y el Hábitat.

Dado el escaso tiempo disponible para cada intervención, me referiré exclusivamente y en forma muy breve, a tres tiempos de la actuación del homenajeado, que ilustran con demasía sus atributos, como hombre de estado, académico destacado y competente economista.

1. EL PLAN DE RECUPERACIÓN ECONÓMICA DE 1960

Durante el año de 1958, cuando se inició el periodo más largo de democracia civil en nuestra historia, lamentablemente truncado, se empezaron a sentir los síntomas de una incipiente crisis económica. Algunos expertos opinaron que el pago acelerado de las deudas dejadas por la dictadura había sido una de las causas que desencadenaron dicha crisis. Pero lo cierto es que la inestabilidad política engendrada naturalmente por la transición de régimen, abonó el terreno para un desajuste importante de la economía que se caracterizó por: fuga de capitales, retracción de la inversión privada, siempre huidiza en circunstancias similares, conjuntamente con una caída de los precios del petróleo en los mercados internacionales, consiguiente disminución de las reservas en el Banco Central y aumento del déficit fiscal. Los efectos principales de la crisis empezaron a percibirse desde el comienzo del gobierno del presidente Rómulo Betancourt, en 1959. Ello, además, de ciertas medidas tomadas para reorientar el gasto público en favor de los segmentos más humildes y de atender mejor al interior de la república, que se había quedado muy rezagado, contribuyó a profundizar desequilibrios económicos y a prácticamente paralizar el crecimiento, incrementándose el desempleo y por ende agravándose el descontento social, haciendo indispensable dentro de un sistema democrático el cambio de rumbo de la gestión económico-financiera.

El ministro de Hacienda había sido desde mediados de 1958 el Dr. José Antonio Mayobre, distinguidísimo economista. Mas, su gestión coincidió con los anteriores factores perturbantes y para fines de 1960 tuvo como desenlace la necesidad de devaluar la moneda a cuya estabilidad estaba acostumbrado el país o establecer un rígido control de cambios. Se decidió adoptar este segundo camino. Tal dilema precipito la salida del gabinete del Dr. Mayobre, presionada fuertemente por los sectores económicos. En tales circunstancias no frecuentes en la historia económica venezolana, el presidente se vio obligado a designar un nuevo ministro de Hacienda,

optando en ese momento por el Dr. Carrillo Batalla, reconocido economista quien había venido terciando, sobre las medidas que deberían adoptarse para subsanar los desequilibrios existentes. Alos pocos días de su designación, Carrillo Batalla expuso ante el país un conjunto de medidas que se instrumentarían con el nombre de Plan de Recuperación Económica. Dicho plan se afincó en la reducción y reorientación del gasto público, la inmediata recuperación de la industria de la construcción para fabricar más viviendas y aumento de la producción agropecuaria, de manera de reactivar el aparato productivo y mejorar el abastecimiento de alimentos, además de diferentes medidas fiscales, para incrementar los ingresos, entre otras.

El mencionado Plan no fue instrumentado por el nuevo titular de Hacienda, ya que pocos meses después, en marzo de 1961, sobrevinieron inconvenientes políticos que lo obligaron a renunciar a su cartera. En sustitución, fue designado el Ingeniero Andrés German Otero, competente gerente, quien se dispuso a instrumentar con esmerada habilidad, rigurosidad y dedicación, el Plan Carrillo Batalla.

Para 1964, al concluirse la gestión del presidente Betancourt, Venezuela había recuperado su vitalidad económica. Entre 1962 y 1964 la economía creció a una tasa promedio de 6,1%. Para 1964 se habían introducido importantes cambios en las políticas sociales, el bolívar había sido liberado de ataduras y había vuelto a ser la moneda dura que se intercambiaba libremente en los mercados internacionales, a lo cual estábamos históricamente acostumbrados.[1] A la correcta orientación conceptual y alcance del Plan formulado por Carrillo Batalla, correspondió merito por este importante logro.

2. LA COMISIÓN DE REFORMA FISCAL.

En 1979 el Dr. Carrillo Batalla emprendió el ejercicio de una diputación al Congreso de la Republica. A penas iniciada la legislatura convenció al presidente de la Republica, Dr. Luis Herrera Campins, sobre la necesidad de designar una Comisión, ampliamente plural, para estudiar la reforma del sistema fiscal venezolano, lo que constituía para él una suerte de obsesión, ya que había estudiado a profundidad su estructura y sufrido las limitaciones que engendraba su desarrollo a retazos y la obsoleta normativa fiscal que regía la administración pública en general.

La Comisión de Estudio y Reforma Fiscal fue creada mediante decreto de marzo de 1980, siendo Carrillo Batalla designado su presidente. El trabajo fue arduo, pues se planteó un extenso plan de investigación y análisis que él coordinó detalladamente. En uno de sus informes estableció el alcance integral de la iniciativa que se formuló así: "El

---

[1]   Rodríguez, G. El gobierno constitucional de Rómulo Betancourt y el progreso económico de Venezuela. Homenaje a Tomás Enrique Carrillo Batalla. Tomo II. Universidad Central de Venezuela. Caracas, 2009. pp.1419-1437.

propósito de la Comisión ha sido estudiar la problemática fiscal venezolana a fin de formular recomendaciones que conduzcan a soluciones cónsonas con la actual situación económica. Particular atención se prestó a los problemas derivados del desbordamiento del gasto y de la deuda pública, la insuficiencia de los ingresos públicos y las dificultades en la administración del presupuesto, contabilidad y control fiscal, con miras a lograr soluciones coherentes y eficaces que conduzcan a un mejor aprovechamiento de los recursos disponibles y su adecuada canalización en función del desarrollo y bienestar social colectivo".[2]

Después de casi tres años de intenso trabajo, su resultado final consistió en 32 volúmenes contentivos de los distintos estudios sectoriales que constituyeron el soporte de las recomendaciones presentadas, así como de 14 anteproyectos de leyes que se elaboraron para instrumentar la reforma. Por cierto, en uno de esos anteproyectos de leyes, el de Impuesto sobre la Renta, se recomendó el establecimiento del impuesto al valor agregado IVA, que finalmente fue aprobado con considerable retraso cerca de 15 años después.

Esta enjundiosa propuesta de reforma fiscal, que liderizo el Dr. Carrillo Batalla, nunca llegó a aprobarse integralmente. Ese resultado constituye uno de esos testimonios de la disfuncionalidad de la sociedad venezolana y de su dirigencia, que explican en parte la catástrofe nacional, que ahora todos estamos sufriendo. No era aceptable que un esfuerzo colectivo en que habían participado un conjunto tan numeroso de distinguidos profesionales venezolanos, quedase simplemente archivado para el conocimiento histórico.

3. LA COMISIÓN PRESIDENCIAL PARA LA REFORMA DEL ESTADO

A fines de 1984, el presidente Jaime Lusinchi aprobó un decreto mediante el cual se creó la Comisión Presidencial para la Reforma del Estado (COPRE), integrada por 35 personalidades del mundo político, académico y empresarial, entre otros, uno de los cuales fue el

---

2 Crazut, R.J. Actualidad e Importancia de la Labor de la Comisión de Estudio y Reforma Fiscal 1980-1984. Homenaje a Tomás Enrique Carrillo Batalla Tomo I. Universidad Central de Venezuela. Caracas, 2009. pp.559-551.

Dr. Tomás Enrique Carrillo Batalla. A la COPRE se le asignó la no simple misión de elaborar un proyecto de Reforma Integral del Estado. Para articular su trabajo la Comisión se dividió en áreas, correspondiéndole a una de ellas todo lo concerniente al rol del Estado en una nueva estrategia económica. En la formulación de los lineamientos generales de esa estrategia económica para Venezuela trabajaron arduamente los comisionados Carrillo Batalla, Domingo Felipe Maza Zabala y Héctor Silva Michelena, asistidos por el economista Gerber Torres, funcionario de COPRE y coordinador administrativo del Área.

Considero necesario hacer referencia a algunos elementos de dicha propuesta formulada a fines de 1988, para que se aprecie su relevancia, en tiempos en que la atención del país y gubernamental sobre la gestión económica, estaba orientada por criterios bastantes diferentes.

Los lineamientos generales para una nueva estrategia económica para la época, que se formularon detalladamente, fueron cuatro.[3] Me permito hacer muy breves comentarios al respecto en apoyo a su pertinencia.

1. La redefinición del papel del estado en la economía. Es este aspecto donde probablemente se hacían necesarias las más importantes transformaciones que facilitaran el desarrollo exitoso de una nueva estrategia económica, con una mayor participación del sector privado y se abordaron temas tales como: institucionalizar la concertación entre el sector público y privado; la democratización de la economía; una intervención pública más estratégica y selectiva; el priorizar la seguridad jurídica; efectuar la intervención pública mediante mecanismos compatibles con el mercado; un estado que desconcentre y descentralice la economía; y que promueva el desarrollo científico y tecnológico.

2. La articulación de la política económica y social. Se expuso: que una de las características de la gestión del estado en Venezuela, es la falta de coordinación entre la política económica y la política social y a tales efectos se propuso como objetivo central y prioritario de la política social, el ataque frontal a la

---

[3]   COPRE. El Rol del Estado Venezolano en una nueva estrategia económica. Volumen 7. Editorial Arte, Caracas, 1989. pp.11-115.

pobreza crítica, agregándose que la política de subsidios sociales con sentido de beneficencia, debía ser sustituida por una política orgánica de recuperación de la actividad económica plena de los sectores afectados por esa situación.

3. La subordinación del problema de la deuda externa y de la política general de financiamiento, a la estrategia de crecimiento. Al reconocer la gravedad que representaba para la época el compromiso de amortizar perentoriamente la deuda externa, se propuso como objetivo central la necesidad de integrar dentro de la estrategia de crecimiento económico de largo plazo, toda la política de financiamiento externo que incluía como aspectos clave el tratamiento de dicha deuda y el manejo de la balanza de pagos.

El informe de la COPRE sobre el Rol del Estado venezolano en una Nueva Estrategia Económica, fue uno de los 11 volúmenes que constituyeron el producto final del trabajo de la Comisión, al Gobierno Nacional que la había designado, durante ese periodo y un legado al país en general, ansioso de encontrar un curso de progreso sostenible en democracia.

Estoy convencido que, si esa propuesta de reforma integral del estado que elaboraron un grupo muy plural de la elite intelectual del país, hubiese constituido el guion para acometer esa tarea, otra seria la suerte de Venezuela en la actualidad.

4. ACOTACIÓN FINAL.

El Dr. Tomás Enrique Carrillo Batalla como señalamos, tuvo actuación central en los tres casos referidos y por eso y otras múltiples razones que aquí se han expuesto hoy, se hace altamente merecedor el homenaje que le rinden las Academias nacionales. Pudiera explayarme mucho más en relevar las virtudes como hombre de estado, académico y sobresaliente economista del Dr. Carrillo Batalla, pero el hecho de haber sido su pariente, por delicadeza me inhibe en tal sentido.

TOMÁS ENRIQUE CARRILLO BATALLA. ACADEMICO POLIVALENTE

ROMÁN J. DUQUE CORREDOR*

Acto de incorporación a la Academia de Ciencias Politicas y Sociales.

* Individuo de número de la Academia de Ciencias Políticas y Sociales. Presidente de la Fundación Alberto Adriani.

Presidente de la ACPS, presidentes, director y directivos de las academias nacionales. Académicos. Familia Carrillo Lucas. Participantes todos.

Si por personalidad se entiende el conjunto de dinámicas propias de una misma persona, pienso, que del Dr. Tomás Enrique Carrillo Batalla puede decirse que su personalidad era polivalente. Porque en su pensamiento y en su conducta respondía a diferentes motivaciones, dentro de una gran coherencia. Y que demostraba por los valores que lo motivaban y por las funciones que desempeñaba. Fruto de una mente brillante que se tradujo en aportes relevantes para el derecho, la economía, las finanzas y la historia. Además de su sentido práctico ante las adversidades. Recuerdo que en una oportunidad cuando, como vicepresidente de la Fundación Alberto Adriani, le participé que su planteamiento para realizar unas jornadas sobre el pensamiento adrianista no había sido acogido por una asociación porque esta consideraba que Adriani era racista, me dijo: *"Duque, el reto es vivir sin ilusiones y sin desilusionarse y en momentos de dificultad o crisis, lo que importa es actuar, y no especular o teorizar"*. Reflexión que entendí que se puede ser reflexivo, pero que también hay que ponderar las ideas y traducirlas en actos y que hoy día tengo enmarcada en mi estudio personal como línea de conducta. En otra oportunidad, en la que asistí con él a un evento en el que se homenajeaba a una persona, me dijo, *"no hay que gastar tanta energía para tratar de agradar a los demás"*. Fui, señores, por su benevolencia, testigo de esa personalidad polivalente, puesto que lo acompañé como vicepresidente de la Fundación Alberto Adriani durante los últimos periodos en los cuales el Dr. Carrillo Batalla se desempeñó como presidente de esta Fundación, distinción en la que lo sucedí hasta el presente por haber sugerido mi nombre para tal cargo. A el se le debe la promoción y consolidación de esta Fundación, razón por la cual en su honor se le designo presidente emérito de dicha Fundación. En esos tiempos la colaboración de su hija Edelmira Carrillo Lucas, como directora ejecutiva de la Fundación Alberto Adriani, fue de decisiva importancia en la labor que como su presidente emprendió el Dr. Carillo Batalla.

De la personalidad polivalente del Dr. Tomás Enrique Carrillo Batalla, creo que uno de esos valores de su modelo de conducta, fue la cultura andina, heredada por el gentilicio y el modo de ser y de pensar de sus ancestros y de sus padres, José Tomas Carillo Márquez y Edelmira Batalla Abreu, por el aporte de esta cultura a la venezolanidad. En este orden de ideas, participaba del pensamiento de Baralt, de que el carácter nacional tiene mucho de las ideas y los hábitos de los pueblos y la sociedad de los progresos de la cultura y el carácter de los hombres, como lo dijo en su discurso "Las Grandes Aportaciones a la Historia de La Historia", como tema de su incorporación a la Academia Nacional de la Historia. Asimismo, destacaba la importancia de la historia regional y local para la formación de la historia de Venezuela. De la cultura andina, el Dr. Carrillo Batalla, aparte de otros ilustres venezolanos, de origen andino, consideraba como uno de sus mejores ejemplos al Dr. Alberto Adriani, de cuyo pensamiento científico económico el Dr. Carrillo Batalla fue uno de sus más preclaros exponentes. De ello es manifestación sus ensayos sobre la vida y obra del ilustre andino y connacional, Alberto Adriani. Fue así como me responsabilizó de promover y fortalecer el desarrollo de la Fundación que lleva su nombre en nuestros Andes, por lo que programé sus conferencias en diferentes entidades trujillanas, merideñas y tachirenses como inicio de ese desarrollo. Tuve el honor y la satisfacción de estar junto a él en los Ateneos de Trujillo, Valera y Bocono y en el Museo Histórico de Trujillo. Así como en la Facultad de Ciencias Económicas y Sociales, de la Universidad de Los Andes, en la cual concurrimos también a su Centro de Estudiantes que lleva como nombre el de Alberto Adriani. Igualmente, en la Academia de Mérida, en donde después de la muerte del Dr. Carrillo Batalla, coloque en su nombre una pintura de Alberto Adriani. Y, en San Cristóbal, en su Academia de Historia, en la que recordó los primeros discursos de Adriani sobre la importancia de la agricultura como soporte estable del desarrollo económico nacional. Asimismo, me responsabilizó de la ejecución del convenio de la Fundación Alberto Adriani con el doctorado de economía de la Facultad de Ciencias Económicas y Sociales de la UCV y con la catedra Alberto Adriani de la UCAB. Por empeño del Dr. Carrillo Batalla se recopilaron las notas y aportes de Alberto Adriani, bajo la excelente investigación y labor de la profesora Catalina Banko.

De esos coloquios, más que conferencias, recuerdo algunos de sus comentarios. Gran Vía, llamó a la Intercomunal entre Valera y Trujillo y a este estado y a Mérida, la Extremadura venezolana. A Mérida, la califico de la Salamanca de Venezuela. Y a San Cristóbal, la Cataluña andina. Y por las estribaciones de los Ríos Santo Domingo, Boconó y Masparro, en los estados de Barinas y portuguesa, al piedemonte de Los Andes lo llamó la Depresión del Ebro llanero. Por esas imágenes, al Dr. Carrillo Batalla, se le podría llamar "geógrafo espiritual de Los Andes", al igual que Manuel Alfredo Rodríguez, llamó al poeta Héctor Guillermo Villalobos, "el catedrático de la geografía espiritual de Guayana", en el discurso de 22 de mayo de 1964, del Bicentenario de Ciudad Bolívar. Y de su pensamiento sobre la cultura andina, he recogido en algunos de mis conferencias y discursos, la tesis del regionalismo constructivo y progresista, soportado en la ética, el trabajo, la educación y la responsabilidad. De lo cual, sin duda, el Dr. Tomás Enrique Carrillo Batalla es un icono. Tesis que me ha servido para mi pensamiento de la andinidad para la revolución posible de la venezolanidad, que es el rescate de nuestra esencia como país y como nación, al que he hecho referencia en mis conferencias como presidente de la Fundación Alberto Adriani. Es decir, las cualidades del hombre andino para emprender una revolución posible que ve en el impulso de lo propio, de lo regional, el avance de la nación. Como lo decía Alberto Adriani, que el progreso del país debe comenzar por el municipio. Y, creo que no exagero al decir, que ese pensamiento sobre la cultura andina, fue uno de los que inspiraron el discurso de incorporación del Dr. Tomás Enrique Carrillo Batalla la Academia de Ciencias Políticas y Sociales, de fecha 7 de diciembre de 1972, sobre "La Historia crítica del concepto de la democracia".

En otra oportunidad, como miembro que fue de la Comisión de Reforma Agraria de los años 1958 y 1959, conociendo mi afición por el derecho agrario, el Dr. Carrillo Batalla me encomendó la realización en la cátedra Alberto Adriani del doctorado de la Facultad de Ciencias y Económicas y Sociales, de un acto aniversario de la promulgación el 6 de marzo de 1960, en el Campo de Carabobo, de la Ley de Reforma Agraria, que versó sobre la influencia de esta Ley en las leyes agrarias latinoamericanas de los años 60 y 70. Y recuerdo que me dijo, "hay que recordar que reforma agraria es más que repartir tierras".

Fui, pues, testigo de lo polivalente de la personalidad del Dr. Tomás Enrique Carrillo Batalla, que he querido destacar con esta sencilla y modesta exposición. Lo conocí cuando me correspondió como consultor jurídico de la presidencia de la República, durante el gobierno del presidente Luis Herrera Campis, discutir con el Dr. Carrillo Batalla el anteproyecto de ley de la academia nacional de ciencias económicas, y de allí nació mi admiración por su personalidad polivalente.

Sin duda que mis palabras, en este acto de Homenaje al Dr. Tomás Enrique Carrillo Batalla en el Centenario de su Nacimiento, resultan pequeñas para lo grande de la 11personalidad polivalente que lo adornó. Pero, espero que la referencia dentro de esa personalidad a la cultura andina, como uno de sus valores, puedan servir para la biografía de quien como él ha hecho historia como jurista, economista, historiador, literato, ambientalista, agrarista, académico, hacendista, legislador, político estadista, presidente emérito de la Fundación Alberto Adriani y universitario integral. Y, siguiendo a Tomas Polanco, puede decirse que, por esa personalidad polivalente, el Dr. Tomas Enrique Carillo Batalla, forma parte de la columna vertebral de la civilidad venezolana como venezolano ejemplar.

Familia Carrillo Lucas.

www.ingramcontent.com/pod-product-compliance
Lightning Source LLC
Chambersburg PA
CBHW022155150726
47992CB00002B/798